目 录

低碳与生活

农业生产低碳

低碳生活"家"（家庭低碳生活）

好省"器"（家具低碳节能）

朝九晚五——绿色格子间（低碳办公）

低碳"美"人（低碳美容）

人"闲"碳不"闲"（低碳休闲）

"绿屋"环游记（低碳旅游）

一、低碳与生活

1. 低碳生活与我们生活的关系

"节能减排"不仅是当今社会的流行语，更是关系到人类未来的战略选择。

提高"节能减排"意识，对自己的生活方式或消费习惯进行简单易行的改变，一起减少全球温室气体（主要减少二氧化碳）排放，意义十分重大。"低碳生活"节能环保，有利于减缓全球气候变暖和环境恶化的速度。减少二氧化碳排放，选择"低碳生活"，是每位公民应尽的责任和义务。低碳是提倡借助低能量、低消耗、低开支的生活方式，把消耗的能量降到最低，从而减少二氧化碳的排放，保护地球环境，保证人类在地球上长期舒适安逸地生活和发展。

　　低碳生活是一种经济、健康、幸福的生活方式，它不会降低人们的幸福指数，相反会使我们的生活更加幸福。

2. 日常生活方式与碳排放量

（1）计算方法

　　乘坐飞机的 CO_2 排放量（千克）：短途 200 公里航程以内，公里数 ×0.275；中途 200~1000 公里航程以内，55+0.105×（公里数 –200)；长途 1000 公里航程以上，公里数 ×0.139。

　　开车的 CO_2 排放量（千克）：油耗公升数 ×0.785。

　　用电的 CO_2 排放量（千克）：耗电度数 ×0.785。

（2）一吨二氧化碳的直观概念

　　在 25℃和常压下，每吨二氧化碳排放所占体积相当于550 立方米，而一个 25 米泳道的普通游泳池体积约 1250 立方米。

（3）排放一吨二氧化碳需要

乘坐飞机 3200 公里；或者越野车开 2160 公里；或者中型小轿车开 3040 公里；或者混合动力车开 9600 公里。

电脑开启 10600 小时。

放牧一头乌干达奶牛 8 个月。

（4）抵消一吨二氧化碳需要

将 5 个 100 瓦的灯泡更换为 18 瓦的节能灯泡，并运行 1 年；

将 20 台电冰箱更换为高效节能冰箱，并运行 1 年；

在中国西南山地种植九棵生长期为 30 年的冷杉。

3. 影响温室气体排放的人类活动

（1）种植业

◎ 农膜、农业机械和农业灌溉

◎ 焚烧农业秸秆

◎ 反刍动物和动物粪便

◎ 化肥施用

◎ 土壤和稻田释放

（2）畜牧业

◎ 牲畜的肠道发酵，即从牛、羊胃肠道内排出的温室气体

◎ 生产饲料和改变土地用途

（3）工业

◎ 化石能源的开采

◎ 化石能源的燃烧

（4）垃圾处理

◎ 废弃物处理

◎ 垃圾填埋

◎ 垃圾焚烧

（5）土地利用变化

◎ 森林砍伐

◎ 农牧过度利用

◎ 土壤沙化

4. 低碳生活建议

★ 使用传统的发条式闹钟替代电子钟，这样可以每天减少大约48g的二氧化碳排放量。

★ 使用一般牙刷替代电动牙刷，这样可以每天减少48g的二氧化碳排放量。

★ 把在电动跑步机上45分钟的锻炼改为到附近公园慢跑，可以减少将近1kg的二氧化碳排放量。

★ 如果去8公里以外的地方，乘坐轨道交通车可比乘小汽车减少1.7千克的二氧化碳排放量。

★ 不用洗衣机甩干衣服，而是让衣服自然晾干，可以减少2.3kg的二氧化碳排放量。

★ 在午餐休息时间和下班后关闭电脑及显示器，这样做除省电外，还可以将这些电器的二氧化碳排放量减少三分之一。

★ 改用节水型淋浴喷头，不仅可以节水，还可以把三分钟热水淋浴所导致的二氧化碳排放量减少一半。

在日常生活中，我们可以为低碳生活做的事情：

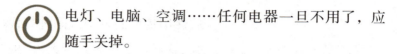 电灯、电脑、空调……任何电器一旦不用了，应随手关掉。

手机一旦充电完成，立即拔掉充电插头。

选择节能空调，温度不要开得太暖或者太冷。这不但耗能，而且让人体不舒适，削弱了人体自动调节体温的能力。

使用节能灯泡。一只 11 瓦节能灯的照明效果，顶得上 60 瓦的普通灯泡，而且每分钟比普通灯泡节电 80%。

开车出门购物的人，请有计划购物，尽可能一次购足。如果不是太远，不要开车，多步行、骑自行车、乘坐轻轨或者地铁。

购买低价格、低油耗、低污染，同时安全系数不断提高的小排量车，停车也方便。

电视机屏幕调成中等亮度，既能省电又保护视力。中国目前有 3 亿台电视，仅调暗亮度这一个小动作，每年就可能省电 50 亿度。

缩短电脑显示器睡眠模式的时间设定。

对冰箱及时除霜，尽量减少开门次数，将冷冻室内须解冻的食品提前取出，放入冷藏室解冻，也能节电。

使用双键马桶，多按"少量"那个键。各种生活废水都可以用来冲马桶。

多用电子邮件、MSN 等即时通信工具，少用打印机和传真机。

使用中空玻璃窗。中空玻璃不仅把热浪、寒潮挡在外面，还能隔绝噪声，大大降低建筑保温所需的能耗。

二、低碳热词

1. 低碳生活

低碳生活，就是指减少二氧化碳的排放，低能量、低消耗、低开支的生活方式。

低碳生活是指生活作息时所耗用能量要减少，从而减少碳特别是二氧化碳的排放。低碳生活对于百姓来说，是一种态度，我们应该积极提倡并实践"低碳"生活，注意节电、节油、节气，从点滴做起。

低碳生活不完全是技术问题，它是一种观念、一种意识、一种态度和一种生活方式。我们应该意识到：减少排放是对社会的贡献，是对保护地球家园的一种责任。有了这种观念，我们的行为就会成为自

觉的行动；大家应该认识到：低碳生活不会降低我们的生活水平和生活质量，它是一种新的生活方式，是更高尚、更高端的生活方式，它应该成为我们自愿接受的生活方式。

2. 低碳食品

低碳食品是由具有最小温室气体输出的从田头到餐桌的整个食品体系链中所加工生产的食品。

低碳食品体系是指包括生产、加工、包装和消费在内的各个主要环节建立具有最小温室气体输出的经济体系。

食用低碳食品的主要目的就在于降低碳水化合物的摄入以减轻体重，控制 2 型糖尿病或相关失调症状，并提高血液中运载胆固醇的脂蛋白的比例。

低碳食品倡导减少和限制对碳水化合物和淀粉的摄入，也就是少吃糖、米饭和面食等，低碳食品最重要的一项就是低糖。

（1）无公害食品

无公害食品指产地环境、生产过程和最终产品符合无公害食品标准和规范，经专门机构认定，许可使用无公害农产品标志的食品。无公害农产品生产过程中允许限量、限品种、限时间地使用人工合成的安全的化学农药、兽药、渔药、肥料、饲料添加剂等。

（2）绿色食品

绿色食品指遵循可持续发展原则，按照特定生产方式生产，经专门机构认定，许可使用绿色食品标志的无污染的安全、优质、营养类食品。绿色食品分为A级、AA级和AAA级三类。

（3）有机产品

有机产品指在生产过程中不使用农药、化肥、生长调节剂、抗生素、转基因技术的食品。

食品三个等级从高到低分别是无公害农产品、绿色食品、有机食品。

有机食品	严禁使用任何农药、化肥生长调节剂转基因等。是国际顶级食品。
绿色食品	在无污染的生态环境中种植及全过程标准化生产或加工的农产品。
无公害食品	使用一些农药，但控制在国家规定的允许范围内。
常规食品	不限制使用农药、化肥生长调节剂、转基因等。

3. 绿色出行

　　绿色出行就是采用对环境影响较小的出行方式，既节约能源、提高能效、减少污染，又益于健康、兼顾效率的出行方式。多乘坐公共汽车、地铁等公共交通工具，合作乘车，环保驾车，或者步行、骑自行车等。

　　只要是能降低自己出行中的能耗和污染，就叫作绿色出行、低碳出行、文明出行。

4. 新能源

　　新能源指近年才开始利用，或过去已有利用而现在又有新的利用方式的能源。一般指 20 世纪中叶以后才开始被利用的能源，如核能、地热、海洋能、太阳能、沼气、风力、潮汐等。

5. 轻生活

　　轻生活分为四个方向：轻心、轻体、轻食、轻居。

　　轻生活是一种减法的概念；现代人的生活无论是心理上或是外在，皆充斥着过多的负担与累赘，轻生活讲究的是一种丢掉的观念，也就是把一切简化到最简单的境界。

6. 节能产品

　　节能产品是节能环保的象征，是利国利民的新生事物。

　　简单说节能产品就是利用最少的能源消耗为人类做更多的贡献。节能产品是节能环保的象征，是利国利民的新生事物。

节能产品认证：

　　根据《中华人民共和国节约能源法》，按照国家节能产品认证标准，最后通过国家认证颁布认证证书，证明某一产品是节能产品；通过产品上张贴节能认证标志，便于消费者识别节能产品和非节能产品。

7. 光盘行动

　　"光盘行动"倡导厉行节约，反对铺张浪费，带动大家珍惜粮食、吃光盘子中的食物。

　　光盘行动的宗旨：餐厅不多点、食堂不多打、厨房不多做。

　　2020 年 8 月 11 日，习近平做出重要指示强调，坚决制

· 按需点菜
· 在食堂按需打饭
· 在家按需做饭

饥饿距离我们并不遥远

止餐饮浪费行为，切实培养节约习惯，在全社会营造浪费可耻节约为荣的氛围。12月4日，光盘行动入选2020年度十大流行语。

2021年4月29日，十三届全国人大常委会第二十八次会议表决通过《中华人民共和国反食品浪费法》，自公布之日起施行。

8. 循环利用

循环利用是将废品变为可再利用材料的过程。

循环利用 ≠ 重复利用

随着环保意识的增强，公众开始认为循环是保护环境的关键。推进资源全面节约和循环利用是我国生态文明建设的重要内容，是解决资源环境问题、倒逼经济发展方式

转变、推动经济高质量发展的重要措施。资源开发利用既要支撑当代人过上幸福生活，也要为子孙后代留下生存根基。我国历来高度重视生态环境保护，把节约资源和保护环境确立为基本国策，把可持续发

展确立为国家战略。根据"十四五"规划和2035年远景目标纲要，我国要坚持生态优先、绿色发展，推进资源总量管理、科学配置、全面节约、循环利用，协同推进经济高质量发展和生态环境高水平保护。

9. 绿色建材

绿色建材又称生态建材、环保建材和健康建材，指健康型、环保型、安全型的建筑材料，在国际上也称为"健康建材"或"环保建材"。绿色建材不是指单独的建材产品，而是对建材"健康、

环保、安全"品性的评价。它注重建材对人体健康和环保所造成的影响及安全防火性能。它具有消磁、消声、调光、调温、隔热、防火、抗静电的性能，并具有调节人体机能的特种新型功能。

10. 垃圾分类

　　垃圾分类一般是指按一定规定或标准将垃圾分类储存、分类投放和分类搬运，从而转变成公共资源的一系列活动的总称。分类的目的是提高垃圾的资源价值和经济价值，力争物尽其用。

　　进行垃圾分类收集可以减少垃圾处理量和处理设备，降低处理成本，减少土地资源的消耗，具有社会、经济、生态等几方面的效益。

11. 低碳城市

 低碳城市指以低碳经济为发展模式及方向、市民以低碳生活为理念和行为特征、政府公务管理层以低碳社会为建设标本和蓝图的城市。

▲ 经济性，指在城市中发展低碳经济能够产生巨大的经济效益；

▲ 安全性，意味着发展消耗低、污染低的产业，对人类和环境具有安全性；

▲ 系统性，指在发展低碳城市的过程中，需要政府、企业、金融机构、消费者等各部门的参与，是一个完整的体系，缺少任何一个环节都不能很好地运转；

▲ 动态性，意味着低碳城市建设体系是一个动态过程，各个部门分工合作，互相影响，不断推进低碳城市建设的进程；

▲ 区域性，低碳城市建设受到城市地理位置、自然资源等固有属性的影响，具有明显的区域性特征。

12. 绿色网购

绿色购物，经营一些节能环保产品，还会向消费者赠送节能礼包。通过一些讲座或者活动去推广节能环保观念，引导广大消费者共创低碳生活。

绿色购物提示

★ 购买使用寿命更长的高品质产品。

★ 购物时随身携带可重复使用的购物袋，避免使用一次性塑料袋。

★ 可再生产品和可充装的产品是不错的选择，尽量避免使用一次性产品。入住酒店，最好自带香皂、牙膏等日用品。

★ 根据需要购买食物，避免浪费。

★ 当需要购买瓶装水时舍小取大，大瓶装水的生产过程对资源的浪费相对较小。

★ 避免购买对环境和动物产生不利影响的产品。

★ 购买有机食品不仅有利于环境，更有利于自身健康。

13. 碳中和

碳中和是指企业、团体或个人测算在一定时间内直接或间接产生的温室气体排放总量，通过植树造林、节能减排等形式，以抵消自身产生的二氧化碳排放量，实现二氧化碳"零排放"。

碳中和作为一种新型环保形式，目前已经被越来越多的大型活动和会议采用。碳中和能够推动绿色的生活、生产，实现全社会绿色发展。

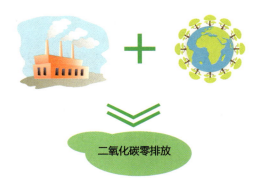

二氧化碳零排放

14. 国际环保公约

国际环保公约由一系列国际公约组成，包括：与保护臭氧层有关的国际环保公约、《控制危险废物越境公约》《濒危野生动植物物种国际贸易公约》《生物多样性公约》《生物安全议定书》《卡特赫纳生物安全议定书》《联合国气候变化框架公约》。

随着环境问题的日益恶化，世界各国纷纷开始重视环境保护问题，并签署了一些国际性的公约来保护环境。

（1）《斯德哥尔摩公约》

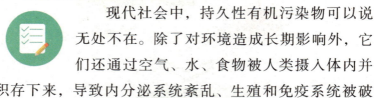

现代社会中，持久性有机污染物可以说无处不在。除了对环境造成长期影响外，它们还通过空气、水、食物被人类摄入体内并积存下来，导致内分泌系统紊乱、生殖和免疫系统被破坏，并诱发癌症和神经性疾病。联合国倡导并制定的《斯德哥尔摩公约》就旨在限制并彻底消除持久性有机污染物。2001 年 5 月 23 日，包括中国政府在内的 92 个国家和区域经济一体化组织签署了《斯德哥尔摩公约》，其全称是《关于持久性有机污染物的斯德哥尔摩公约》，又称 POPs 公约。

（2）《京都议定书》

　　《京都议定书》又译为《京都协议书》《京都条约》，全称《联合国气候变化框架公约的京都议定书》，是人类历史上第一部限制各国温室气体（主要为二氧化碳）排放的国际法案。由联合国气候大会于 1997 年 12 月在日本京都通过，故称作《京都议定书》。为《联合国气候变化框架公约》（UNFCCC）的补充条款，是 1997 年 12 月在日本京都由联合国气候变化框架公约参加国通过三次会议制定的。其目标是"将大气中的温室气体含量稳定在一个适当的水平，进而防止剧烈的气候改变对人类造成伤害"。

（3）《哥本哈根协议》

　　根据联合国气候变化框架公约缔约方 2007 年在印度尼西亚巴厘岛举行的第 13 次缔约方会议通过的《巴厘路线图》的规定，哥本哈根会议达成了不具法律约束力的《哥本哈根协议》。该协议维护了《联合国气候变化框架公约》以及《京都议定书》确立的"共同但有区别的责任"原则，就发达国家实行强制减排和发展中国家采取自主减缓行动做出了安排，并就全球长期目标、资金和技术支持、透明度等焦点问题达成广泛共识。

农业生产低碳

一、种植业实现低碳农业的技术措施

1. 稻田甲烷减排技术

该技术模式主要采用高产低碳品种、旱耕湿整、控水栽培、施用减排肥料等，在保障水稻丰产稳产的同时，抑制稻田甲烷产生，降低甲烷排放，具有显著的经济、社会和生态效益。

2. 农田氧化亚氮减排技术

该技术模式通过减少氮肥施用、优化施肥方式、改进肥料种类、提高水肥耦合，在增加作物产量的同时，有效减少氧化亚氮排放，提升氮肥利用率，实现增产与减排协同。

3. 保护性耕作固碳技术

该技术模式利用秸秆地表覆盖、少免耕播种，配套应用药剂拌种、种子包衣、化学除草等防治技术，能够减少土壤扰动，降低土壤侵蚀，促进蓄水保墒，提高土壤有机碳含量，增强土壤固碳能力。

4. 农作物秸秆还田固碳技术

该技术模式通过秸秆粉碎抛撒、机械还田，配套应用调氮促腐措施，不仅可以补充土壤中的矿质元素，减少化肥施用量，还可以将碳保留在土壤中，增加土壤有机质含量，具有减肥、增产、固碳、降污多重效果。

5. 反刍动物肠道甲烷减排技术

该技术模式通过调控日粮营养结构、优化饲料品种、改善粗饲料品质、合理使用饲料添加剂，降低反刍动物肠道甲烷排放，提高畜牧业生产效益。

6. 畜禽粪便管理温室气体减排技术

该技术模式采取粪污干湿分离、固体粪便覆膜好氧堆肥、液体粪污密闭贮存发酵、粪肥深施还田等，减少甲烷和氧化亚氮的直接排放，大幅降低氨气导致的氧化亚氮间接排放，还能替代化肥使用，提高土壤有机质。

7. 牧草生产固碳技术

该技术模式通过对中轻度退化草地切根改良、重度退化草地免耕补播、多年生人工草地混播建植，以及林草复合、灌草结合、草田轮作等措施，提升草地生产力，增加牧草产量，提高草地生态系统固碳能力，促进草牧业可持续发展。

8. 渔业综合养殖碳汇技术

　　该技术模式通过选择具有碳汇功能的养殖品种，建设生态化养殖设施，构建由鱼类、贝类、藻类和底栖生物等组成的多营养层次综合养殖模式，提高水体空间利用率，增加水产养殖效益，并以收获、沉积等途径将碳存储，形成渔业碳汇。

9. 秸秆能源化利用技术

　　该技术模式通过推广秸秆打捆直燃集中供暖、成型燃料清洁燃烧、热解炭气肥联产等，替代生产生活使用的化石能源，解决农村地区清洁能源供应短板，减少温室气体排放。

10. 农村沼气综合利用技术

　　该技术模式采用厌氧发酵处理，产生的沼气用于集中供气、发电上网、提纯制备生物天然气，产生的沼渣沼液进行综合利用，为农村地区提供绿色清洁能源，替代化石能源消耗，减少化肥施用，增加土壤有机质，实现减污降碳协同增效。

二、养殖业实现低碳农业的技术措施

1.通过农业养殖标准化来降低污染排放

在粪便管理中二氧化碳排放量应该作为重点，主要围绕"粪便的储存、无害化处理以及循环利用"模式进行处理。尤其应该将粪便管理作为关键环节；而且粪便的储存方式主要以干清粪、尿泡粪为主，粪便储存的周期、沼气发酵是否覆盖、堆肥处理是否覆盖均会影响不同的发酵成效。

2.养殖场选址及建筑设计的选择

远离城市以及人口密集的地方，选择距离农田、林地等比较近的地方，实现种养结合，构建生态养殖区域，实现变废为宝，提升畜牧业的发展水平，同时保护农村地区的生态环境。

3.养殖场建造及建材选取

外围利用保温隔热性能的材料，远离人口密集地带，选

择距离田间或林地较近地区。

建立建材产品和新建建筑低碳认证标准体系，规范我国建筑行业低碳产品、低碳设计等统计、监测、评估和考核办法。

4. 日粮营养物质的优化设计和添加剂的使用

完善日粮中的氨基酸配比和使用饲料添加剂，从而提高蛋白质利用率。

酶制剂、益生元和益生菌能够起到提高消化酶活性、维持肠道菌群平衡、改善日粮适口性、减缓肠胃排空和速度等作用，从而提高营养物质消化利用率。

5. 黑水虻在处理粪便污染中的应用

黑水虻，腐生性的水虻科昆虫，能够取食禽畜粪便和生活垃圾， 生产高价值的动物蛋白饲料，具有繁殖迅速、生物量大、食性广泛、吸收转化率高、容易管理、饲养成本低、动物适口性好等特点。

利用黑水虻分解畜禽粪工艺既可以有效降解粪便中有机物，而且副产物黑水虻蛹粉是优质的蛋白质饲料来源，粗蛋白含量 45%，粗脂肪含量 35%，粗蛋白含量与鱼粉几乎相同，而且氨基酸比例更加优越。

相比于微生物分解以及其他种类腐生（蝇蛆、黄粉虫）生物分解，黑水虻处理动物粪便具有诸多优势。

6. 开发沼气池回收工艺

（1）沼气是极好的能源物质，其热值较高，燃烧后仅产生二氧化碳和水，以我们现有场区的规模来看，产生的沼气完全可以优质环保燃料为北方冬季场区内进行回水供暖。

（2）沼气燃烧发电是随着大型沼气池建设和沼气综合利用的不断发展而出现的一项沼气利用技术，它将厌氧发酵处理产生的沼气用于发动机上，并装有综合发电装置，以产生电能和热能。沼气发电具有创新、节能、安全和环保等特点，是一种分布广泛且价廉的分布式能源。沼气发电在发达国家已受到广泛重视和积极推广。生物质能发电并网在西欧一些国家占能源总量的 10% 左右。

（3）沼气提纯，进村入户。将沼气提纯成高纯度甲烷，经过压缩之后通过天然气槽车运送到各个天然气站，将燃气送到千家万户。既进行了目前已浪费资源的有效利用，同时也通过产物获得收益，持续盈利。

沼气池发酵工艺可以有效降低粪便中有机物含量，相比堆肥方式，不会向空气中排放大量温室气体和臭气。

7. 依托大型集约化现代化养殖模式

相较于个体养殖户，集约化养殖、现代化模式有利于碳排放量的综合治理和粪尿的科学处理。

三、低碳施肥

1. 肥料类型

每 1 千克磷肥、钾肥的碳排放量分别相当于氮肥的 16. 17% 与 4. 58%，施用有机肥和控释肥的碳排放量也远低于氮肥。

2. 施肥方式

相对于撒明肥，深施肥减少了施肥过程中的挥发，土壤固碳作用增强，从而降低了碳排放量。

3. 施肥技术

低碳施肥技术主要指测土配方施肥。测土配方施肥根据土质来确定肥料类型与用量，避免过度施肥，从而降低碳排放量。传统的施肥方式是农民根据往年经验估计化肥施用量，从而造成了化肥的极大浪费，不仅提高了成本和碳排放量，而且不利于土壤的可持续利用。通过测土配方施肥，可以实现化肥的高效利用。在现阶段，大量使用有机肥并不现实，因此推广测土配方施肥技术是减少农业碳排放量的重要途径。

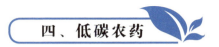

四、低碳农药

农药也是种植业的主要碳源之一，农药施用过程中产生碳排放的主要因素有：

1. 农药类型

农药可大致分为传统化学农药与新兴生物农药。化学农药使用过程中会产生大量的碳排放。生物农药采用生物活体或者其代谢物来杀灭有害生物，因而不会产生大量的碳排放。生物农药具有安全、环保、针对性强等特点，不仅是一项重要的农业低碳技术，更是现代农业的主要标志之一。发展生物农药，减少对传统农药的依赖性，对减少农业碳排放具有重要意义。

2. 农药用量

降低农药用量是减少施药环节碳排放的重要途径。农药控制释放技术降低了农药的挥发速度，减少了农药的施用次数，因而降低了施药量。

3. 农药的混合与交替使用

几种农药混合或交替使用具有许多优点：可以减少施药次数；混用的农药可以取长补短；可以预防病虫抗药性的产生；有增效作用；能降低某种农药对作物产生的药害。

4. 搞清楚防治对象，提升用药效果

不同的防治对象对农药的反应不同，如昆虫对三氯杀螨醇有高度的自然抗药性，而螨类则十分敏感；霜霉病对铜制剂很敏感，而对硫制剂则表现出耐药性。

5. 注意环境条件

（1）温度

对于一般药剂，在一定温度范围内温度升高，药效增加。但是，温度越高，药剂分解或挥发越快，残效期就越短。温度高时，也增加了药剂对作物的药害和对人、畜的毒害作用。

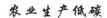

（2）降雨

雨天或下雨前夕不宜喷药，因为降雨可以冲刷掉喷施的药剂。

（3）风

风可以加快药剂的挥发和消失，所以3级以上的大风天不宜喷药。

五、低碳农膜

农膜产生的碳排放量占种植业碳排放总量的7.01% ~ 13.26%，也是比重较高的碳源之一。土壤是重要的碳库，现有的低碳技术主要通过两方面来降低碳排放：一是增加土壤固碳量；二是降低碳排放量。传统的高分子有机化学聚合物属性的农用地膜在土壤中长期难以降解，

影响土壤透气性，长期下去会导致土壤环境恶化，极大影响了土壤碳库的形成。可降解农膜或者生物降解农膜能够在短时间内降解，不会对土壤造成污染，保障了土壤的固碳功能。

六、农业废弃物再利用

秸秆、谷壳、果壳、甘蔗渣、禽畜粪便等，传统的焚烧、丢弃等方式会产生大量的二氧化碳，不利于生态环境保护和经济效益的提高。农业废弃物的低碳技术主要有肥料化和饲料化两种。农业废弃物肥料化处理技术是指通过发酵、堆肥等方式将农业废弃物肥料化，重新当作肥料使用，可以改善土壤结构，减少化学肥料的使用量，从而降低农业

碳排放量。农业废弃物饲料化技术是指通过机械加工、生物学处理使得秸秆、谷壳等废弃转换成利于禽畜消化的饲料，再次进入农业循环系统，从而提高废弃物的利用效率，减少因焚烧等方式产生的大量温室气体，提高经济效益。

七、低碳农机

★ 优化装备结构促进节能减排。

★ 老旧农机不仅耗油量大，也不利环保。及时报废老旧机械，更新符合国家规定排放标准的机具，对于转变农机化发展方式，优化农机装备结构，不断提高农机装备质量具有重要意义。

★ 一些老旧机具不适合农业现代化和现代农机化需要，存在安全隐患，我们在报废、以旧换新、淘汰这些方面的工作要跟紧，具体是在购机补贴方面还是在别的方面总体上需要考虑。一方面我们要有新产品出来，另一方面对落后的产品也要有一个调整。

★ 我国农机化发展需要优化农机装备结构和区域布局，要重点调整促进大马力、高性能、复式作业机械的发展，加快老旧农机的更新报废，促进节能减排，降低单位能耗，避免资源浪费和效益下降。

★ 购买质优价低、性能优良的名优农机产品，逐渐淘汰高油耗、低效率、高污染、高噪声的农机具，大力推行"低碳农机"生产方式。

★ 引导农民购买节能环保、安全可靠、技术成熟的农机具，重点推广玉米联合收获、秸秆还田、免耕播种等保护性耕作新机具。

★ 组织农机监理人员和农机维修技术人员，积极开展以拖拉机、联合收获机为主的大型机械的油耗、技术状态检查，及时报废超期服役、技术状态差的机具。加强对农机具的维修保养，让拖拉机、联合收获机、旋耕机、播种机等机械均处于良好技术状态，降低耗油量，减少废气排放，高效投入农田作业和道路运输作业。

八、立体种养的节地模式

立体种植、养殖充分利用土地、阳光、空气、水，拓展了生物生长空间，增加了农产品产量，提高了产出效益。常见的有农作物合理间种、套种的农作物立体种植，桑田秋冬套种蔬菜、桑田夹种玉米的农桑结合，意杨林中套种小麦、大豆、棉花等农作物的农林结合，苗木合理科学夹种的苗木立体种植，稻田养殖、菱蟹共生、藕鳖共生、藕鳝共生的农渔结合，稻田养鸭的农牧结合，意杨树下种牧草，养殖羊、鸭、鹅的林牧结合，水网地区的渔牧结合等。

九、农业节能模式

改造落后的机电排灌设施。推广水稻节水灌溉技术和农作物喷灌、微喷灌、滴灌等技术，提高了水资源的利用率。

1. 节能模式

推广节能技术，从耕作制度、农业机械、养殖及龙头企业等方面减少能源消耗。改革不合理的耕作方式和种植技术，探索建立高效、节能的耕作制度。大力推进免少耕、水稻直播等保护性耕作。旱作地区推广耐旱作物品种及多种形式的旱作栽培技术。冬季建造充分利用太阳能的温室大棚，种植反季节蔬菜。推广集约、高效、生态畜禽养殖技术，降低饲料和能源消耗。利用太阳能和地热资源调节畜禽舍温度，降低能耗。

2. 清洁能源模式

利用农村丰富的资源发展清洁能源。主要有：风力发电、秸秆发电、秸秆气化、沼气、太阳能利用等。特别值得一提的是，近几年，各地积极实施"一池（沼气池）、三改（改厕、改厨、改圈）"生态富民工程，既净化了环境，又获取了能源，还增加了收益，农民群众对此赞不绝口。

3. 种养废弃物再利用模式

如秸秆还田培肥地力、秸秆氨化后喂畜、秸秆替代木材生产复合板材、利用桑树修剪下的枝条种植食用菌、利用畜禽粪便生产微生物有机肥、将花生壳粉碎加工成细粉再利用等。

4. 农产品加工废弃物循环利用模式

如稻米加工企业可以利用优质稻米为原材生产精制米、米粉、米淀粉。产生的稻壳可做燃料，米浆水中可提取淀粉，再从淀粉中提取葡萄糖和米蛋白，过滤后的水送养猪场喂猪，养猪场有机肥施入企业的稻米生产基地。

一、时尚"绿领族"

1. 衣物在生产时的碳排放

服装材料生产中碳排放种类：

服装的全生命周期从其原料的获取直至服装废弃处理的全过程，包括服装材料及服装的生产、运输、储存、运行、消费使用直至产品的废弃处置各个环节，必然会产生生产原材料和能源、燃料及工业水的消耗，同时也必然会产生废物、废水及直接排放物。因此，服装材料生产不仅会产生间接的碳排放，还会产生直接的碳排放，主要可以从以下几方面分析。

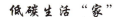

（1）原材料产生的碳排放

原材料产生的碳排放是指用于原材料转变的所有流程的碳排放，包括所有能源消耗源或直接碳排放源。

（2）能源产生的碳排放

能源产生的碳排放是指与服装材料生产环节能源供应（包括发电和产热以及运输燃料所产生的排放）和使用（如煤和天然气燃烧产生的排放）相关的碳排放，包括能源生命周期产生的碳排放。

（3）设施运行产生的碳排放

设施运行产生的碳排放是指工厂、仓库等场所的照明、加热、冷却、通风、湿度控制和其他环境控制所产生的碳排放。

（4）运输产生的碳排放

运输产生的碳排放是指原料、产品和共生产品在工厂内的移动，有关运输所产生的碳排放，包括与运输燃料有关的排放。

（5）储存产生的碳排放

储存产生的碳排放是指在产品生命周期中任何一个点上的输入（如原材料）、任何一个点上的产品及使用阶段产品、再利用或回收活动之前的产品储存（如制冷、供暖、湿度控制等）产生的碳排放。

（6）废物处理产生的碳排放

废物处理产生的碳排放是指生产过程中的废物通过填埋、焚烧、掩埋、污水处理等产生的温室气体排放。

2. 衣服材质的选择

低碳环保服装可以让我们每个人在消耗全部服装过程

中产生的碳排放总量更低，其中包括选用总碳排放量低的服装，选用可循环利用材料制成的服装，以及增加服装利用率减小服装消耗总量的方法等。

对于服装面料的选择，我们应尽量使用无毒、可重新使用、容易降解、无污染和易回收的材料。

3. 少买不必要的衣服

在保证生活需要的前提下，每人每年如果少买一件不必要的衣服，就可以节约 2.5 千克标准煤，相应减排二氧化碳 6.4 千克。全国每年假如有 2500 万人做到这一点，就可以节能约 6.25 吨标准煤，相应减少二氧化碳 16 万吨。

4. 选择棉、麻等自然质地的衣料

绿色服装材料又称生态服装材料，低碳环保服装是应对环境污染而产生的服装类型。穿丝绸、貂皮成本较高，资源浪费较高，化纤消耗化工原料，故只有棉布制造的衣服能够使碳排放降到最低。

棉、麻等自然质地的衣料不仅从款式和花色设计上体现环保意识，而且从面料到纽扣、拉链等附件也都采用无污染的天然原料，从原料生产到加工也完全从保护生态环境的角度出发，避免使用化学印染原料和树脂等破坏环境的物质。

棉、麻等自然质地的衣料具有独一无二的透气性和天然性，棉质衣服吸汗、透气，保暖性强，穿着感觉很舒服，而且染色和印花都比较容易。

而且这一类服装一般经过生态纺织品检测具有相应标志的服装，它是以保护人类身体健康、使其免受伤害为目的，并有无毒、安全的优点，在使用和穿着时，给人以舒适、松弛、回归自然、消除疲劳、心情舒畅的感觉。

5. 衣物在洗涤时的碳排放

洗衣机清洗衣服不仅耗水，而且费电。洗衣机每标准洗衣周期要比手洗多耗水一倍多，由此增加排放 0.04 千克二氧化碳。而以全自动涡轮洗衣机洗一次衣服需要 45 分钟估算，每洗一次衣服排放 0.2 ～ 0.3 千克二氧化碳。

以工作功率约 1200 瓦的干衣机干洗 5 千克衣服一般耗时 40 分钟估算，干洗一次衣服大约会排放 0.8 千克二氧化碳，远远高于洗衣机的碳排放量。

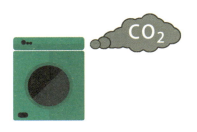

6. 减少机洗衣物，尽量手洗

如果需要洗涤的衣服不多，应尽量选择手洗方式。并且，在洗衣前浸泡衣服可以缩短洗衣时间，从而减少二氧化碳排放。

如果每月用手洗代替一次机洗，每台洗衣机每年可节能约 1.4 千克标准煤，相应减排二氧化碳 3.6 千克。如果全国 1.9 亿台洗衣机都因此每月少用一次，那么每年可节能约 26 万吨标准煤，减排二氧化碳 68.4 万吨。

7. 适量使用洗衣粉

　　洗衣粉分有磷和无磷两种，含磷洗衣粉是指以磷酸盐为主体助剂的产品。长期使用含磷洗衣粉皮肤常会有一种烧灼的感觉。医学研究表明，含磷洗衣粉会直接影响人体对钙的吸收，导致人体缺钙或诱发小儿软骨病。

　　含磷洗衣粉的污水排放也会造成环境污染。由于含磷洗衣水大量流入湖泊，水体中的溶解性氧量下降，造成水藻疯长，腥臭熏人，鱼类和其他生物大量死亡，甚至还会引发"赤潮"现象。

　　√天然洗衣皂（粉）

　　√无磷洗衣粉

　　× 含磷洗衣粉

8. 减少洗衣、烘干和熨烫的次数

把衣服攒在一起洗，降低洗衣机的使用频率，这样既可以省电、省水，还可节省洗涤时间和洗涤剂（洗衣粉）用量。

9. 衣物在烘干时的碳排放

某些材质的衣物不仅要用烘干机烘干，还需要熨烫，烘干一件衣服要比自然晾干多排放 2.3 千克二氧化碳。以使用功率为 800 瓦的电熨斗熨一次衣服大约需要 30 分钟算，每熨一次衣服大约排 0.4 千克二氧化碳。

10. 烘干真的没必要，让衣服晒晒太阳，会消毒杀菌

用晾衣绳自然晾干衣物，不用烘干，每次可以减少2千克以上的二氧化碳排放量。

11. 减少丢弃衣服

如果随意丢弃旧衣服会导致旧衣服混在生活垃圾里，被填埋后难以降解，会污染土地资源。化纤类纺织品沾上了水泥、油漆等，经不规范焚烧，会产生有害气体，味道刺鼻，污染环境。

有些废旧衣服没有被运往垃圾场，而是流入二手市场或加工厂。堆积如山的旧衣服、破被褥甚至医院废弃手术服，被地下工厂制成棉絮，再"变身"棉被走进商场。这些违法违规的途径，并不是真正的资源循环利用。

未经严格处理的衣物可能携带细菌等有害物质，直接或间接使用都会危害人体健康。

12. 不要的旧衣服怎么处理

（1）捐献

不要的旧衣服最佳首选就是捐献出去。很多旧衣服都没有穿过多少次，将它们捐献给需要的人是最好的方式。现在很多小区里都有捐献衣物的柜子，方便了衣物的捐献。

（2）赠送

如果一些衣服没有穿过几次，再加上一些亲友需要，那么也可以将衣服送给他们，这也能够增加亲友之间的感情，是一举两得的事情。

（3）废物回收

衣服属于可回收垃圾，衣服多由不同的布料制作而成，回收后可以重复利用，避免资源浪费。

（4）自己改装

如果动手能力很强的话，也可以把这些旧衣服自己加工改装一下，改装成具有新型实用价值的物品。

二、低碳"食"光

1. 食品在生产时的碳排放

目前城市居民食用的食物通常是在农场或养殖场中集中培育的，动植物的生长和发育需要适度的温度和光照，因此农场或养殖场必须使用燃料或电力来维持其运行。

肥料的生产与运输、植物耕作、动物自身排放、饲料被动物食用等都会释放不同数量的二氧化碳。例如，每千克肥料对应了 6.7 千克二氧化碳排放，这其中包括了肥料生产和肥料运输的碳排放。

食物种类不同，生产它们产生的碳排放量也不同。饲养的动物经常食用植物，由于植物养料转化为动物身体组织过程中有能量的损失，因此生产动物食品往往比生产植物食品消耗更多的能量、排放更多的二氧化碳。

2. 食品在包装与贮存时的碳排放

在超市中购买的食品绝大多数都有外包装，包装材料包括塑料、纸、铝制品等。在这些包装材料中，铝制材料是生产过程中排放二氧化碳最多的，每生产 1 千克铝材料需要排放 24.7 千克二氧化碳。

每生产 1 个塑料袋会排放 0.1 克二氧化碳。虽然生产 1 个塑料袋的碳排放量很小，但塑料袋使用量极大，积少成多，总的碳排放量也不可小看。而且塑料不易分解，大量使用会造成严重的环境污染。

食品生产商为了吸引顾客，往往追求过度包装。每使用 1 千克的包装纸，将排放 3.5 千克二氧化碳。据统计，仅北京市每年产生的近 300 万吨垃圾中，各种商品的包装物就有约 83 万吨，其中 60 万吨为可减少的过度包装物。

在食物的储存方面，冷冻食品通常保存在冷冻室里，需要耗费大量的电能。因此，过多购买和食用冷冻食品，间接消耗了大量的能源，排放了更多的二氧化碳。

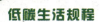

3. 食品在运输时的碳排放

居民食用的食物中，很大部分并不来自本地，而是通过不同的方式从外地运输来的。运输方式因使用火车、汽车、飞机等的不同而产生不同的二氧化碳排放量，相同里程的飞机运输所排放的二氧化碳是汽车运输的 3 倍左右。因此，远距离空运食品将会排放更多的二氧化碳。

4. 尽量选购未经加工及本地生产的新鲜食品

减少化学农药和肥料毒害身体，又可减少长途运输耗用的能源和产生的污染。

5. 减少购买过度包装的商品

休闲零食的多层包装现象十分突出，如某品牌的休闲大礼包，大包装袋里套着各自独立的几包零食，而其中两包零食内又套着一份份小包装，这样一包总含量不足一斤的

食品，里里外外最多的套着三层塑料纸，能拆出二十多件包装"衣"。超市内大部分的零食都是"内衣"加"外套"的形式，包材消耗极大。

食品包装本是为了卫生，兼具美观，可现在本末倒置了，为了漂亮包装越来越夸张，造成不必要的浪费，也加重了百姓的购买成本。

这样一套"高标准"，大概很难令浪费现状改观，达不到节约资源的目的，甚至还可能引人误会是将目前的铺张行为合法化。

6. 居家时按食量预备食物分量，以免分量过多而造成浪费

（1）制定买菜清单

照单买菜既避免了多买乱买，又不会忘买错买。

（2）食材保存有妙招。

肉类可以切成小块，分别装袋冷冻储存，吃的时候取一袋就行，避免大块冻肉每次做饭前的反复解冻，延长肉

类的保鲜期；散装米面等买回后，可以装在密封罐里，存放在阴凉干燥处，防止发潮和生虫。

（3）食材摆放巧安排

食物放进冰箱时，可以调整食物的摆放顺序，将新买的食物放在冰箱后部，先吃前排食物。

（4）控制用量要精确

每天做饭前，在家庭群里预报菜品，其他人则回复是否在家吃饭，根据吃饭人数确定饭菜分量。

（5）精确饭菜分量

锅碗瓢盆不仅是炊具、餐具，还可以用来控制用量。还可以在厨房里置办天平、量杯、电子秤、刻度勺等用品，每次做饭根据人数计算食材用量，添加的油、盐、糖精确到克。一些人数较少的家庭可以使用小型化的厨房设备，不但配合了食材的减省，还能提高加热效率、节约能源。

（6）剩饭"翻新"花样多

偶尔有剩饭，也绝不能浪费，可以巧妙加工没吃完的食品，使其变成一道新的菜肴。

（7）剩菜剩饭的存放和食用时间有讲究

食用剩菜剩饭，首先要保证安全卫生，并不是所有剩饭剩菜都适合重新加热食用。乳制品、豆制品保质期短，要尽快消耗；鱼虾蟹贝等最不耐放，即使在低温下储存也会产生细菌和变质，尽量当天吃完。对于烹饪过的蔬

菜，尤其是叶菜类不宜储存，最好一次吃掉；根茎类蔬菜才适合再次加热。吃不完的肉类可以冷藏保存，再次食用。

7. 多选择应季水果和蔬菜

在肉类食物中，以生产牛肉、羊肉所排放的二氧化碳最多，其次是猪肉和鱼肉，而水果和蔬菜都在二氧化碳排放量最少的食物之列，并且其生长周期相比肉类来说短很多。一个人如果一周内少吃一些猪肉，转而食用蔬菜，将减少二氧化碳排放，一年减少二氧化碳排放量会更多。此外，水果可以直接食用，而蔬菜相对于肉类来说，烹饪方式简单，烹饪时间较短，也因此减少了一部分二氧化碳排放。

人体摄入 1 千克牛肉后，所排放的二氧化碳较多；而吃同等量的果蔬后，所排放的二氧化碳量将会大大减少。

多吃肉食，不仅会导致肥胖，而且不利于心脑血管健康，还会使地球变暖，导致动物、人类、地球都受到伤害。所以，如今"素食主义"正悄然兴起，因为多吃素食不仅可以减少畜牧业及食品碳排放量，有助于健康，还能推动绿化的发展。当然，这也不是要求你绝对不准吃肉，营养学家认为：一周吃上 2 ~ 3 次肉即可满足人体的营养需求，根本没必要餐餐吃肉。那么，请大家就从每周一天吃素开始我们的低碳饮食吧！

世界无肉日（3 月 20 日）："无肉日"始于 1985 年，由总部设在华盛顿的公益性组织"农场动物改革运动"发起，推广健康和平素食的民间教育活动，目的是拯救动物、保护环境和改善健康。

8. 食品在烹饪时的碳排放

烹饪食物使用的能源种类不同，其排放的二氧化碳量也有所不同。使用1度电（火力发电）烹饪食物要排放约1千克二氧化碳，但如果改用天然气，获得相同的热量却能减少约0.8千克的二氧化碳排放。

不良的烹饪方式，也会导致更多的二氧化碳排放。例如，烧烤是一种碳排放量较大的烹饪方式，烧烤一次排放4千克左右的二氧化碳。

9. 选择低碳烹饪用具

选择低碳烹饪用具应该关注体积小巧、节能环保、便于清洁的厨房电器。

★ 低耗能

★ 小巧易洁

10. 选择简单的烹饪方式

利用水蒸气加热，热效率非常高，成菜时间较短，对资源的占用也较小。同时，蒸菜时，原料内外的汁液挥发最小，营养成分不受破坏，香气不流失。蒸不但减少营养

流失，而且减少烹调油脂，避免油烟产生，减少了污染物和废气的排放。各种食材都可以蒸，使用非常广泛。

同蒸一样，煮不需要油脂，能减少油烟，也是碳排放很少的烹饪方法。不过煮的时候，水溶性的营养素和矿物质会流失一些，而且煮的效率也低于蒸。

一般清炖不须加额外的油脂，而侉炖（一种特殊炖法）等方法要先把原料炒一下再炖，因此用油量会比煲汤多。建议低碳炖肉法多选用清炖，或用新鲜蔬菜比如番茄、芹菜等来调味，搭配莲藕、土豆等使营养更均衡。

烹饪时间较短的炒法，可以保持原料中的大部分营养。然而，热油爆炒或长时间煸炒会产生一定的油烟，用油量多，营养素损失大，同时碳排放较多，不建议经常使用。

在油炸过程中，蛋白质、脂肪、碳水化合物等营养素在高温下发生反应，不但营养会受损，还会生成许多致癌物质。另外，油炸过程中产生的油烟量非常大，并且厨房中有害物质扩散较慢，对健康会造成极大的危害。

烤

烤是从外部加热，缓慢渗透到内部，虽然口感外焦里嫩，但能量损失特别大。因此，烤箱也常常是家里的"耗能大户"。炭火烤制更可能排出含有致癌物的气体，不利于大气环保。

凉拌

对一般蔬菜来说，凉拌是最低碳也最健康的吃法。但如果是草酸含量稍微高一些的蔬菜，比如苋菜、菠菜、茭白等就要焯一下再拌。而豆腐、番茄之类的凉拌菜是夏日里饭桌上的常客。

煲汤

煲汤是动物原料的低碳吃法，比如用排骨煲汤就比香酥小排或者糖醋排骨更低碳。不过许多人喜欢"老火靓汤"，其实这样不但会增加碳排放，还会影响健康。建议煲汤时间不要超过一个半小时。

白灼会加入少量油盐，烹饪时间较短，同时不会产生油烟，多用于质地脆嫩的菜肴。白灼的原料适用范围很广，荤素皆可。同时，白灼也能很好地保存营养素。

11. 养成低碳的烹饪习惯

▲ 尽量节约厨房里的能源。

▲ 食用油在加热时产生致癌物，并造成油烟污染居室环境。

▲ 减少煎炒烹炸的菜肴，多煮食蔬菜。

▲ 不要把饭锅和水壶装得太满，否则煮沸后溢出汤水，既铺张能源，又轻易扑灭灶火，引发燃气泄漏。

▲ 调整火苗的燃烧范围，使其不超过锅底外缘，取得最佳加热效果。假如锅小火大的话，火苗烧在锅底周围只会白白消耗燃气。

▲ 下厨时，用大火比用小火烹调时间短，可以减少热量散失。但也不宜让火超出锅底，以免浪费燃气。

▲ 夏季气温高，烧开水前先不加盖，让比空气温度低的水与空气进行热交换，等自然升温至空气温度时再加盖烧水，可省燃气。

▲ 烧煮前，先擦干锅外的水滴，能够煮的食物尽量不用蒸的方法烹饪，不易煮烂的食品用高压锅或无油烟不锈钢锅烧煮、加热熟食用微波炉等方法，也都有助于节省燃气。

12. 水龙头也应"低碳"：使用节水的水龙头，节约厨房用水

使用感应节水水龙头可比手动水龙头节水 30% 左右，每户每年可因此节能 9.6 千克标准煤，相应减排二氧化碳 24.8 千克。如果全国每年 200 万户家庭更换水龙头时都使用节水水龙头，那么可节能 2 万吨标准煤，减排二氧化碳 5 万吨。

13. 遵循油盐酱醋节约法

（1）热锅凉油

炒菜时若油温太高，超过 180℃ 的油脂就会发生分解或聚合反应，产生具有强烈刺激性的丙烯醛等有害物质，危害人体的健康。因此，炒菜时应先把锅烧热，等油八成热时就将菜入锅煸炒。

（2）看菜放盐

由于盐是电解质，有较强的脱水作用，因此，放盐时间应根据菜肴特点和风味而定。炖肉和炒水分含量多的蔬菜时，应在菜八成熟时放盐。过早会导致菜中汤水过多或使肉中的蛋白质凝固，不易炖烂。

（3）看菜放酱油

因为高温久煮会破坏酱油的营养成分，并使之失去鲜味，因此应在即将出锅前再放酱油。炒肉片时为了使肉鲜嫩，可以先将肉片用淀粉和酱油拌一下，这样还可以防止蛋白质的损失。

（4）两头放醋

做菜时放醋的最佳时间在两头，即原料入锅后马上加醋或菜肴临出锅前加醋。"炒土豆丝"等菜最好在原料入锅后加醋，可以保护土豆中的维生素，同时软化蔬菜；而"糖醋排骨""葱爆羊肉"等菜最好加两次，原料入锅后加醋以祛膻、除腥，临出锅前再加一次，可增香、调味。

巧存油盐酱醋

植物油

盛油的容器，不要用塑料桶和金属容器，可用陶瓷或深颜色小口的玻璃瓶。盛油前应把容器洗净擦干，装油后加盖密封，存放在干燥避光处，可以减少油脂与空气、光线、高温接触的机会，如须保存较长时间，应加入抗氧化的维生素 E，对控制酸败有一定作用。500 克食油，加入维生素 E 胶丸一颗（将胶丸刺破挤入油中）摇匀即可。另外，用过的熟油不要和生油掺在一起。

动物油

熬油时，可熬久一点，除尽油渣，趁油未凝结以前，加入食盐适量，搅拌均匀后，放入瓷罐内，加盖密封，放阴凉处。隔一段时间烧开一次，能延长贮存时间。

碘盐

家庭中应把碘盐放入干净的容器内保存。碘

盐遇热、受潮、风吹和日晒等均可使碘盐挥发。因此，应将买回的碘盐放入有盖的瓶、罐内，不可开口存放。在炒菜或做汤时，尽量晚放碘盐，以减少碘的挥发。

酱油

酱油含有营养成分，微生物容易繁殖，特别是热天，酱油表面会产生一层白膜，这种白膜是因为不洁的容器和尘埃使酱油受到污染而引起的。因此，热天买回散装酱油应先烧开后再存放；或在酱油表面滴几滴食油，与空气隔开，细菌不易生长；也可向酱油里放几瓣去皮大蒜，防止酱油变质。切不可多次用煮沸方法来保存酱油，以免营养成分被破坏。

醋

醋中所含的醋酸，有很好的杀菌和抑菌作用，但也有些霉菌耐酸，使醋变淡，产生霉臭气味。因此，买回的散装醋应先用纱布过滤，然后加热煮沸，冷却后装入洁净的瓶中，盖严备用。

14. 克服点外卖的习惯，自己动手去做

虽然有的时候自己做饭不能尽如人意，但是能吃出健康，也给生活增添了许多快乐。在外用餐的次数越多，肥胖、糖尿病的风险就越高。

常吃外卖的危害

（1）量超标，又胖又肿

饭店里的食物通常都比家里的饭菜美味。这是因为饭店里的菜可能会放两到三倍的油，稍不留神就热量超标。要知道一平瓷勺的油就含有 90 大卡热量，相当于半碗米饭的热量！

（2）高糖高盐，肝肾负担

增加饭菜口感的一个秘诀就是加大量糖、盐、味精等调味品，那么菜是咸的，却为什么要放糖，因为很多时候炒菜放糖根本不是为了让菜有甜味，白糖是万能的缓冲剂，糖和食材产生反应可以增加菜的口感，还可以缓解过度的酸味、辣味和苦味，所以，不要认为你吃的菜是咸的就忽视糖的存在，还有其中的盐和味精、人工香料等调味品，长期大量食用势必会增加肝肾负担。

（3）微量元素缺乏，免疫"溃不成军"

　　快餐的烹调方式主要是煎、炒、炸，食材构成主要是精白面和肉类，即使有蔬菜，也通常采用高油高盐的烹调方式，普遍缺乏豆类、全谷、蔬果，导致热量和脂肪高，而微量元素比如钾、镁，维生素 B、C 普遍缺乏。缺乏这些微量元素，会有气无力，三天两头发烧感冒，天天疲惫不堪。

15. 慢慢拒绝一次性食品用具

我国是人口大国，广泛使用一次性筷子会大量消耗林业资源。如果全国减少 10% 的一次性筷子使用量，那么每年可相当于减少二氧化碳排放约 10.3 万吨。

一次性筷子的危害

损害呼吸功能

一次性筷子制作过程中须经过硫黄熏蒸，所以在使用过程中遇热会释放二氧化硫，侵蚀呼吸道黏膜。

损害消化功能

一次性筷子在制作过程中用双氧水漂白，双氧水具有强烈的腐蚀性，对口腔、食道甚至肠胃造成腐蚀；打磨过程中使用滑石粉，消除不干净，在人体内慢慢累积，会使人患上胆结石。

病菌感染

经过消毒的一次性筷子保质期最长为 4 个月，一旦过了保质期则很可能带上黄色葡萄球菌、大肠杆菌等。

16. 选择"吃不了兜着走"：

应该做到点多少、吃多少的好习惯，减少粮食浪费。

★ 减少外出就餐次数。

★ 理性消费。

★ 吃不完打包。

★ 拒绝大吃大喝，拒绝暴饮暴食。

★ 倡导低碳饮食。

17. 少喝瓶装水，选择软包装饮料

瓶装水对环境的污染也不容忽视。

全世界每年用于制造塑料瓶的塑料为 270 万吨，这些塑料的原料大多是从石油中提取的，仅在一个国家，制造这些塑料瓶就要消耗 150 万桶石油，这些石油可以供 10 万辆汽车使用一年。

86% 的塑料水瓶最后都变成了垃圾，需要 400 年至 1000 年才能降解。这些塑料垃圾在燃烧时会产生有毒气体和含有重金属的灰烬。

18. 食品在消费时的碳排放

　　每浪费 0.5 千克粮食（以水稻为例），将增加二氧化碳排放量约 0.47 千克。而浪费畜产品要比浪费粮食造成更多的二氧化碳排放，例如，每浪费 0.5 千克的猪肉，将增加二氧化碳排放量 0.7 千克。这些被浪费的食物在掩埋后，有可能继续排放大量的二氧化碳和甲烷等温室气体。

　　浪费水的行为，同样会带来不必要的二氧化碳排放。每浪费 1 千克自来水，将增加约 50 克二氧化碳排放。如果被浪费的是开水，又将额外增加二氧化碳排放。而这些被浪费的水往往最后混入了生活污水，又增加了污水处理环节的二氧化碳排放量。

三、低碳"宅"生活

1. 选择面积适宜的住宅

房子的采光好，既可减少照明用电，也可降低因照明设备散热所需的空调用电。怎样选购采光好的房子呢？具体来讲有下面这些招式。

（1）从房子的朝向来看，朝南、朝西的房子采光好

朝南的房子采光时间最长；朝南偏西的房子比朝南偏东的采光好。

（2）选购明厅、明卫、明厨的房子

墙面有较大玻璃和窗户的居室能很好地利用自然光源。

（3）大开间、小进深的房子可更好地利用自然光源

许多开发商为了节约土地资源，增加利润，建造一些面窄而大进深的房子，这样的房子会影响房间的采光。

（4）选客厅采光好的房子

白天，人们的活动多在客厅，如果客厅的采光条件好，就可以利用自然光，减少开灯时间，节约电能。

（5）选购利用太阳能的房屋，在使用热水和日常用电方面可节约许多能源

一般使用真空集热管的太阳能热水器。安装有太阳能热水系统的房屋所产生的电可用于洗浴照明等。使用这种装置发的电，不仅方便于晴天时使用，即使阴雨两三天也不用担心用电，因为屋顶的太阳能设备会将太阳光能源储存起来。

（6）采用高性能门窗，其中玻璃的性能至关重要

高性能玻璃产品比普通中空玻璃的保温隔热性能高一倍到几倍，高性能门窗须强调窗框的保温性和密闭性。密闭性较为重要，既能够保证门窗的密闭性，又能够有效节约能耗并提高舒适度。

（7）窗户有采用平开窗形式

相比之下，平开窗的密封性能比较好，保温隔热性能

优于推拉窗。推拉窗虽然造价便宜，但密闭性和使用舒适性较差，并不适宜应用于低密度住宅产品中。

（8）选购利用中水的住宅

中水又称再生水、回用水，是相对于上水（自来水）、下水（排出的污水）而言的，是指城市生活污水经处理后，达到一定的水质标准，可在一定范围内重复使用的非饮用水。中水可用于洗车、绿化、农业灌溉、工业冷却、园林景观等。

一些现代绿色住宅安装有处理污水的设备，能把污水变成中水，或者在设计时使洗手池、洗菜池的水直接通向马桶，这样一些生活用水就可以再次利用，达到节约水资源的目的。

（9）选购对垃圾实行无公害处理小区的住宅

购房时，可优先考虑对垃圾实行无公害处理的小区的房屋。

对垃圾实行无公害处理主要体现在以下两方面：

①将生活垃圾分为可回收物、厨余垃圾、有害垃圾、其他垃圾，分别进行回收处理。

②小区可以就地处理垃圾，例如，有的小区安装、使用多层悬浮燃烧焚烧炉等设备，可最大限度地降低环境污染，一些废弃物可得到再生利用。

2. 住宅建筑材料在生产时的碳排放

建造住宅的主要建筑材料包括钢材、水泥、木材、砌体、中粗砂和商品砼等，将生产这些材料的碳排放量综合起来，每生产建造 1 平方米的住宅所消耗的建筑材料需要排放 330 ~ 370 千克的二氧化碳，其中，钢材消耗产生的碳排放量为 64.2 ~ 142.8 千克（因住宅结构和楼层高度而异），水泥消耗产生的碳排放量为 99.2 ~ 118.0 千克，木材及其他建材消耗产生的碳排放量为 127.4 ~ 167.4 千克。而且，高层住宅（9 ~ 14 层，建筑面积为 6000 ~ 10000 平

低碳生活"家"

方米）单位面积消耗建材的碳排放量最少，见下表；而超高层住宅（15层以上，建筑面积10000平方米以上）单位面积消耗建材的碳排放量最多，大约为高层住宅的112%。

表 建造1平方米不同类型住宅主要建材消耗所产生的碳排放量

类型	层数	建筑面积（平方米）	碳排放量（千克）
底层及多层住宅	6层以下	< 3000	349.6
小高层住宅	7 ~ 8层	3000 ~ 6000	340.2
高层住宅	9 ~ 14层	6000 ~ 10000	329.7
超高层住宅	15层以上	> 10000	369.4

3. 住宅装修材料在生产时的碳排放

装修住宅的材料多种多样，主要包括地面用砖、顶棚用板、包门材料、壁纸、地板用材、贴墙材料、涂料等，将生产这些材料的碳排放量综合起来，每装修 1 平方米的住宅需要排放 420 ～ 1600 千克二氧化碳（因装修材料不同而差异较大）。按全国城镇住宅面积 10.79 亿平方米计算，仅家庭装修一项带来的碳排放量就接近 17.31 亿吨。

4. 减少装修木材的使用量

木材是住宅装修中使用量较大的建材，这不但使得大量木材原有的固碳功能丧失，还在其生产、运输过程中额外增加了二氧化碳排放。综合起来少使用 0.1 立方米装修用的木材，可节能约 25 千克标准煤，相应减排二氧化碳 64.3 千克。

如果全国每年 2000 万户左右的家庭装修能做到这一点，那么可节能约 50 万吨标准煤，减排二氧化碳 129 万吨。

5. 减少装修铝材的使用量

铝是能耗最大的金属冶炼产品之一。减少 1 千克装修用铝材，可节能约 9.6 千克标准煤，相应减排二氧化碳 24.7 千克。如果全国每年 2000 万户左右的家庭装修能做到这一点，那么可节能约 19.1 万吨标准煤，减排二氧化碳 49.4 万吨。

6. 减少装修钢材的使用量

钢材是住宅装修最常用的材料之一，钢材生产也是耗能排碳的大户。减少 1 千克装修用钢材，可节能约 0.74 千克标准煤，相应减排二氧化碳 1.9 千克。如果全国每年 2000 万户左右的家庭装修能做到这一点，那么可节能约 1.4 万吨标准煤，减排二氧化碳 3.8 万吨。

7. 减少建筑陶瓷使用量

家庭装修时使用陶瓷能使住宅更美观。不过，浪费也就此产生，部分家庭甚至存在奢侈装修的现象。节约 1 平方米的建筑陶瓷，可节能约 6 千克标准煤，相应减排二氧化碳 15.4 千克。如果全国每年 2000 万户左右的家庭装修能做到这一点，那么可节能约 12 万吨，减排二氧化碳 30.8 万吨。

8. 室内装修简约大方最利于节能

近几年来，简约的设计风格渐渐成为家庭装修中的主导风格。而简约的风格恰恰就是家装节能中最为合理的关键因素。当然简约并不等于简单，只要设计考虑周全，简约的风格是很适宜现代装修，特别是年轻人的装修来使用的。而且这样的设计风格能最大限度地减少家庭装修当中的材料浪费问题。通透的设计如今也慢慢被越来越多的业主所接受，而这样的设计在保持通风和空气流通的同时，也很大程度上减少了能源浪费。

9. 让室内色彩回归环保自然

以前的家总是千篇一律的白色，随着化工产业的发展，家居的颜色越来越多。其实色彩的运用也是关系到节能的，过多使用大红、绿色、紫色等深色系其实就会浪费能源。

特别是高温时节，由于深色的涂料比较吸热，大面积设计使用在家庭装修墙面中，白天吸收大量的热能，晚上使用空调会增加居室的能量消耗。

10. 充分利用可循环装修材料，多用再生绿色建材

家居行业的原材料在采集、生产制造和运输时都需要耗费大量的能源，能够做到"低碳""可持续发展"的不多。"家装设计正在流行'天然风'，并非只为了迎合田园式、乡村式的风格。"华泰经典装饰设计师认为，家装流行"天

然风"的意义在于它对自然环境的保护，建议业主在选择木材、棉花、金属、塑料、玻璃、藤条时，要尽可能地使用可循环利用的材料。

在装饰材料的选择上，很多人并非不注重环保，而是容易陷入一些认识上的误区。在装修过程中，其实可以更多地选择一些类似轻钢龙骨、石膏板等轻质隔墙材料，少用黏土实心砖、射灯、铝合金门窗等资源浪费较大的材料，也可以从侧面降低家装工程的碳排放量。

一些家居配饰师也认为，在家居生活中合理利用废旧物品对于营造"低碳"的生活环境同样意义重大。比如，将喝过的茶叶晒干做枕头芯，不仅舒适，还能帮助改善睡眠；用废纸壳做烟灰缸，随用随扔，省事且方便。这些毫不起眼的废物经过精心的 DIY，都可以变废为宝，让自己的家变得更环保、更温馨，又充满实现创意的欢乐。

11. 建议使用竹制家具

　　搬新居时，能继续使用的家具尽量不换。多使用竹制、藤制的家具，这些材料可再生性强，也能减少对森林资源的消耗。

12. 在家装中，隐蔽工程的健康作用也不可小视

　　在家庭装修中，隐蔽工程应用得越来越多；从最先为客厅和房间的美观将电线及电视信号线、电话等线路暗埋于墙内，然后开始关心厨房、卫生间的美观，将供水管道也暗埋起来，现在又开始觉得一直不能暗埋的煤气管也能暗埋就最好了。

　　隐蔽工程的确不但有利于家居的美观，更因为暗埋在墙内，也提

高了安全性，当然这是在应用了正确的建材的基础上；反之，则成为家居安全的隐患和威胁。

13. 选择合理的采暖方式

现在都在倡导"节能""减排"，可是作为消费者我们应当从自己实际需求以及自身所能承受的一个能力去选择合适的采暖方式，把采暖的优势发挥到极致。

★ 不管什么房型，从舒适和节能上考虑，地暖和壁挂炉肯定优于空调，尤其是客厅、卫生间等地面铺设大理石或地砖的区域，效果更为明显。白天家里有人住，对实木地板没有偏好，应该优先考虑。

★ 白天家里没有人或进出时间没有规律，可以在地暖和壁挂炉之间做出选择，因为壁挂炉无层高要求且升温迅速，避免浪费。

★ 复式房和别墅挑空区很高，地暖和壁挂炉组合是最佳选择，否则挑空区的壁挂炉密度太大会影响装修效果，采暖效果也不理想。

★ 空调采暖时，家里的空气相对来说独立区域做到独立温控，主要有以下几个优点：①可以独立开启或关闭，对其他区域不会影响；②可以独立设定区域温度；③操作简便，界面友好；④节约能源，降低成本。

14. 选择低碳地板

当下，低碳环保的理念深入人心，融入生活的点点滴滴中。对于要装修的朋友来说，选择低碳环保地板既是提高自己的生活品质，也是为低碳做出贡献。目前，三层实木复合地板已经成为业界公认的更低碳、更环保地板品类，因为地板只有在面板采用珍贵木材，另外 75% 采用了松木、杨木等速丰林材，使得木材的综合利用率大大提升，因此，三层实木复合地板受到广大企业的推广，针对三层复合实木的"百城盛惠"促销活动已经如火如荼地开展。今天小编就介绍一些三层实木复合地板的知识。

（1）面层

三层实木复合地板的表层使用橡木、柚木、桦木、栎木、榉木、枫木、楸木、樱桃木等名贵树种，保留了实木地板花色自然的优点，并且厚度达 3~4 毫米，是多层实木复合地板 0.6 毫米的 5 倍以上。可以承受长期磨损。而三层实木复合地板相对较薄的表层解决了实木地板容易开裂的问题。另外，高质量的三层实木复合地板在表面都使用 UV 漆，这种漆是经过紫外光固化的，抗击打性、耐磨性能都非常好，不会产生类似 PV 漆的脱落现象，家庭使用不用打蜡维护，使用十几年不用上漆。

（2）芯层

三层实木复合地板的芯层通常使用 7 毫米以上的杨木、松木、泡桐、杉木、桦木、椴木等较软的树种，在弹性方面相比采用硬质树种的传统实木地板有了较大的改善。

（3）底层

三层实木复合地板的背板通常使用杨木、松木、桦木、椴木等木材，与表层、芯层纵横交叉叠压而成，相互之间的内应力作用克服了实木地板容易起翘的问题。

　　传统的实木地板由于树种本身的单向同性特点，受潮、挤压后各个方面收缩性不一致，导致容易变形起翘，容易开裂。另外，由于木质、油漆工艺问题，在抗击打性、耐磨性方面不如复合地板，保养很不方便。而复合地板由于纹路是印刷的，花色不自然，并且脚感硬，不舒适，另外由于在生产过程中使用了较多的胶水，环保性能往往不是很好。

　　三层实木复合地板兼具实木地板和复合地板的优点，同时克服了实木地板易变形、开裂、划伤，复合地板脚感硬、保暖性差、花色不自然等缺点。

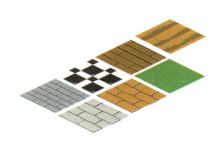

15. 选择恰当的窗帘

选购窗帘的时候，大部分人会把精力全部投入花色的选择中，而装饰其实只是窗帘的功能之一。窗帘安装完毕，开合是否顺畅，遮光性如何，则全看购买之初的决定了。购买窗帘有哪些技巧？

（1）善于在不规则房间内利用轨道

异型窗在住宅中比较普遍，比如圆弧形的，安装窗帘不方便。幸好有了可以弯曲的轨道设计，能够让窗帘依着窗子的形状来，做到严丝合缝，开启和关闭都非常容易。

（2）窗子朝向决定布料薄厚

选布料时，一定要考虑到自家窗子的朝向。朝南的窗户，光线好，薄纱、薄棉或丝质的布料比较合适。朝北的房间，经常阴冷灰暗，应选择暖色并且有些厚重感的窗帘，增加温度。如果家里有朝向东或西的窗户，那么遮阳就是窗帘的最重要用途。遮阳的窗帘既能遮挡强光，还要保持室内的亮度，充分利用自然光来照亮房间。紧邻繁华街区的窗子，晚上路灯、广告牌的光也很强，为了拥有安稳的睡眠，需要厚一些的窗帘遮挡。

（3）平开窗帘最百搭

平开窗帘是一种最普通的式样。简洁、无任何装饰、大小随意，悬挂和掀拉都可以，适用于大多数窗户。可以根据窗子的宽度，将窗帘设计为一侧平拉式和双侧平拉式，一般以 1.5 米为分界参考。掀帘式窗帘可以掀向一侧或两侧，形成柔美的弧线，制造良好的装饰效果，还能够随意搭配各种绑带配饰。带帘头的式样制作起来要复杂一些，但装饰效果更好，它可以遮挡比较粗糙的窗帘轨以及窗帘顶部和房顶之间的空当，显得室内更整齐漂亮。

（4）装饰帘的功能

长条形的装饰帘，遮光性能好，而且可以平移，适合搭配窗纱和窗帘，巧妙利用室外光线。装饰帘的轨道方便安装在房间的各个地方，利用这个优势，装饰帘还能成为房间隔断、壁柜门的替代品，使房间的空间利用变得更加灵活。

（5）选对帘头开合省力

窗帘和窗帘杆之间的衔接，方式有很多种：在布料上直接打孔的，容易来回拉动；外侧布袋的形式，正面看起来美观，但是由于布料和杆之间摩擦力大，特别是布袋尺寸与杆的直径差不多时，来回拉更困难；吊带形式的显得很简单，适于比较轻薄的布料；系带的方式同样不好拉，适合平时不经常动只是起装饰作用的窗户。建议最好购买窗帘环，这样容易开启，而且拆装换洗的时候也方便。

（6）窗帘也低碳

在北方，窗子下面一般都安装有暖气，除非你选择下摆到窗台的长度，如果是落地窗帘，一定要选耐热性能好的布料，同时还不会阻挡暖气的热力散发进房间里。朝东或者朝西的房间，每天会经过几个小时的强烈阳光刺激，要用经过特殊处理的布料，或者是中性色的布料，否则会褪色或变色，最好还能带有一定隔热性能。

（7）窗帘的颜色

客厅选择暖色调图案的窗帘，能给人以热情好客之感。书房的窗帘以中性偏冷色调为佳。卧室则应选择平稳色、静感色窗帘，使房间显得幽雅而不冷清。餐厅里，黄色和橙色能增进食欲，白色则有清洁之感。当地面同家具颜色对比度强的时候，可以地面颜色为中心进行选择；地面颜

色同家具颜色对比度较弱时，可以家具颜色为中心进行选择；若地面颜色和家具颜色均不能成为参照物时，也可根据灯光颜色来选择窗帘的色系，橘黄色的暖色光系，可搭配米白、果绿等冷色系；乳白色的中性光系，则可选配米黄、浅咖啡、淡红等暖色系。

（8）罗马帘适合小窗子

由于市场上的布料一般都是1.4米的幅宽，所以安装罗马帘的窗户宽度最好在1.4米以下，中间不用接缝，买布时只须购买长度即可。光线变化快的房间，应该使用罗马帘，通过手控可随意调节窗帘的下摆位置，控制光线进入房间的多少。如果窗前摆放有家具，也可安装罗马帘，因为它不占空间，不会影响房间内物品的摆放。罗马帘还适用于六边形的房间，这样的房子，窗户会分隔成几部分，罗马帘可以保证每块窗帘之间的衔接良好。

（9）准确测量布料用量，心中有数

准确地测量，不仅能够预知布料的选购量，还能让窗帘在细节方面更加美观。建议使用金属材质的尺子测量，无论是选择轨道安装还是窗帘杆，窗帘的下摆要在窗台之

上 15 厘米。窗帘两边
要多出窗子本身 15~20
厘米，这样才显得好看。
测量宽度的时候，不要
测量窗子本身，而是要
量窗帘杆或轨道，如果
是两侧打开的窗帘，记
住中间需要预留重叠的

部分，大约需要 2.5 厘米。窗帘的长度需要根据下摆的位置
来决定，如果是窗台上要距离 1.25 厘米，窗台下则要多出
15 厘米，落地款式的下摆在地面上 1.5 厘米即可。

16. 在家种植一些绿色植物

（1）房屋绿化的好处（从大的方面来说）

★ 吸附大气浮尘，净化空气，美化环境，改善与提升
生活环境质量。

★ 有助于散热，改善城市热效应。

★ 降低城市噪声。

★ 增加空气湿度，净化水源，调节雨水流量。

★ 提高国土资源利用率。

★ 绿化用的泥土、隔滤层可用一些建筑废料来制成，物尽其用。

（2）房屋绿化的好处（从生活的角度讲）

★ 冬暖夏凉。夏季可降低室内温度，减少耗电量；冬季可保持室内温度。

★ 为生活提供一个休憩园地。

★ 可保护建筑物顶部，延长屋顶建材使用寿命。

17. 居家时可多开窗

（1）5 个时间段 要开窗

早起后

经过一整夜的呼吸吐纳，卧室空气含氧量低，而且整理床铺时，尘螨、皮屑等细小的污染物会飘浮在空中。早上 8 点左右开窗，此时气温升高，空气质量稍好。

做饭时

煎炒烹炸等烹调方式产生的大量油烟，会对鼻、眼、咽喉黏膜有强烈的刺激性，可引起各类呼吸系统疾病。做饭时保持开窗，让空气对流，做饭后继续开窗 10 分钟以上；如果厨房没有窗，可打开油烟机进行换气。

洗澡后

洗澡后卫生间里水汽凝结，湿度很大，容易滋生霉菌，一定要及时通风干燥。洗澡后及时开门开窗，去除湿气，或打开卫生间的排气扇换气。

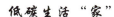

扫除时

打扫房间时，室内空气中污染物密集，大量细菌、尘螨、皮屑都会飘浮在空中。打扫时必须保证开窗通风，如有需要也可以戴上口罩，以免吸入细小颗粒物。

睡觉前

睡前开窗通风，可以增加室内空气中的氧气，利于睡眠。睡前半小时，开窗 15 分钟。

（2）4 个时刻不该开窗

雾霾天

雾霾、沙尘等天气下，室外大气中颗粒物污染较重，应关闭门窗，以减少大气污染影响室内空气质量。可以选择用空气净化器、加湿器来改善居室环境。

下小雨

下小雨时，风速和风力较小，不利于污染物的稀释和扩散，悬浮于大气中的各种污染物由于降水冲刷会形成湿沉降，加重空气污染。等雨下过一段时间或雨过天晴时，室外空气逐渐变得清新，且空气中的负氧离子也开始增多，此时开窗通风效果最佳。

大风天

刮风时很容易扬尘，导致空气中污染物的扩散。

等到风力较小时开窗，但不要全开，开一条缝即可。风力 5 级以上，最好暂时关上窗户。

早晚高峰期

早晚高峰期，工业污染、汽车尾气使空气质量变差。特别是临近马路，空气更加浑浊。居住在交通主干道附近，开窗通风应选择避开早晚交通高峰时段。

18. 厨房定期清洁去污

（1）瓜果去污法

用吃剩下的西瓜皮、苹果核、黄瓜蒂等随手擦拭有油污的地方，可达到去除油污的效果。看见哪里擦到哪里，非常方便，对酱油等污渍效果很好。但是，只能用于日常保养维护的清洁工作中，对于重点的、针对性的去污清扫帮助不够明显。

（2）面粉去污法

面粉去除油污的效果不比肥皂或洗涤剂差。厨房的油污或双手沾到的油，只要用少许面粉，便能清除干净，既可以避免油污扩散，又可很方便地清洗所使用的抹布。

（3）米汤去污法

液化气灶具沾上油污后，可用黏稠的米汤涂在灶具上，待米汤干燥后，用木筷或塑料片轻刮，油污就会随米汤结痂一起除去。此法简单省事，对于清除灶台灶具上面的顽固油污效果显著。

（4）去油喷雾剂

市场上带"喷雾枪"的去油污剂，可以根据不同的需要进行选择购买。一喷一擦，非常方便，有利于平时的日常清洁维护。但是，品种繁多，价格不一，选择购买时，务必谨慎，要注意去油能力、腐蚀性、支持静电能力、易清除性等多种性能。

（5）涂抹洗洁精法

将洗涤剂直接涂在靠近灶台墙壁的瓷砖或吸油烟机的表面上，干后将形成一层透明的隔油膜，能起到便于清洗的效果。油污不会直接污染到被"保护"的地方，而且清洗时特别方便。另外，洗过后要记得再次涂抹，否则将失去隔离效果，而且洗洁精不宜涂抹得太厚，太厚了特别不容易干。

（6）以油攻油法

用废弃的食用油先涂抹一遍长期停留在吸油烟机表面和灶具周围瓷砖表面的油污，过几分钟后再用常规的清洁方法清洗。可以将长期的顽固油污"软化"，便于清洗。只是，用量的尺度不好把握，表面过于光滑或垂直于地面

的地方，如果用量稍多则不易停留，容易使"旧污未去，又添新油"。

（7）热碱水加洗涤产品

　　将少许纯碱用热水溶化，并加入适量的洗衣粉或洗涤灵，用这样的溶液清洗油污较重的吸油烟机或灶台等。此法为大多数人所熟知，尤其是清洗吸油烟机时使用效果最佳。

19. 让卫生间卫生起来

卫生间的清洁工作主要包括地面、墙面、门、隔板、卫生洁具、洗手池等设施的清洁，常规清洁的次数一般每日清洁至少两次。

（1）卫生间的清洁、保洁标准

▲ 天花板、墙角、灯具目视无灰尘、蜘蛛网。

▲ 目视墙壁干净，小便器等卫生洁具洁净无黄渍。

▲ 室内无异味、臭味。

▲ 地面无烟头、纸屑、污渍、积水。

（2）卫生间的日常清洁内容

卫生间每日常规清洁的主要内容是按清洁标准进行地面的清扫、卫生洁具的清洁、用具的刷洗等。

检查及整理：

清洁作业完毕，应环视整个卫生间一遍，看是否有遗漏和不彻底之处，如有应及时补做。确保小便器内放入卫生球，垃圾桶放在固定的地方，清倒垃圾，及时事换新的垃圾袋。

（3）清洁卫生间的注意事项

▲ 卫生洁具容易破碎，清洁时不能用工具的坚硬部分撞击，也不能让重物落下因冲击而致使卫生器具破损。

▲ 使用洁厕水和其他刺激性清洁剂时，应戴橡胶手套，以防止损伤皮肤。

▲ 一旦发现卫生洁具或排水管道堵塞，应立即疏通。如果堵塞严重，应立即报修，尽快找专人疏通。

▲ 如果发现卫生洁具损坏，管道、阀门、龙头漏水，应及时通知部门负责人修理或更换。

▲ 由于清洁工作的疏漏或使用日久，卫生间的卫生洁具、墙身或地面极易积有粪垢、尿渍、水锈和污垢，故必须定期进行去污除垢工作，以保证卫生间保持良好的卫生状况。

20. 减少居家生活垃圾

（1）拒绝你不需要的，减少消费

买东西时，先想一想：我是否真正需要？原有的是否真的不可再用？我是否物尽其用？拒收随处散发的无用的宣传品、小广告。总之，拒绝你不需要的，减少消费，垃圾产生量自然会减少。

（2）学会废物的重新利用

有些东西我们确实是必须买的，当它变成了"废物"之前，我们需要重新考虑：它还有利用的价值吗？例如多余的办公用品（纸、铅笔）捐给当地公共学校的艺术项目；单面打印过的纸另一面可以用于再打印；重复使用垃圾信件的信封等。

（3）循环使用不可避免的东西

买菜或是超市购物时记得带上额外的篮子或是环保袋，果蔬之类的可直接存放，可减少塑料袋的使用；外出用餐时带上自己的餐盒装剩菜；遥控器用可充电电池；永远使用陶瓷餐具和布制餐巾。

（4）代替使用需要的东西

寻找一次性用品的代替品（厨房纸巾、垃圾袋、蜡纸、锡纸、一次性盘子、一次性杯子等），减少化妆品，考虑用自制代替品。总之，应该尽可能地使用可回收并反复使用的物品来代替用完即弃不可回收的物品。

（5）学会垃圾的分类

如果你觉得你已经物尽其用了，也请给它们进行分类堆放：可回收垃圾、厨余垃圾、有害垃圾和其他垃圾。

四、低碳"行"不"行"

1. 乘坐公共汽车时的碳排放

公共汽车是城市居民出行的主要代步工具。资料显示，北京公交车平均每升油可行驶 4 千米，平均每辆车 30 人。如果每天上下班都乘坐公共汽车，以每天上下班乘坐公交车的里程为 30 千米估算，那么每人每天因此产生约 0.6 千克二氧化碳排放。

2. 乘坐地铁时的碳排放

如果每天上下班都乘坐地铁，假设地铁每节车厢平均有 100 人，则每人每站将消耗 0.125 度电。以每人每天乘坐地铁上下班总共 18 站估算，那么每人每天因此产生约 2.3 千克二氧化碳排放。

3. 乘坐汽车时的碳排放

随着经济的快速发展，私人轿车已经逐渐进入寻常百姓家，尤其是中国部分大城市，轿车保有量一直在持续增加。北京市交管局资料显示，截至 2008 年年底，北京市机动车保有量超过 350 万辆，其中大约有 250 万辆为私人汽车。如果每天上下班都乘坐轿车（包括出租车和私家车）以每天上下班驾驶汽车或乘坐出租车的里程为 30 千米计算，每升汽油平均可行驶 12 千米/升，那么每人每天因此产生约 5.9 千克二氧化碳排放。

4. 骑摩托车时的碳排放

中国部分城市，尤其是南方山区城市，摩托车也是人们出行的重要代步工具。如果每天上下班都骑摩托车，同样来回 30 千米的路程，以每升汽油可行驶 40 千米估算，那么每人每天因此产生约 1.8 千克二氧化碳排放。

5. 短途出行建议步行或乘坐公共交通工具

　　骑自行车或步行代替驾车出行 100 公里，可以节油约 9 升；坐公交车代替自驾车出行 100 公里，可省油六分之五。按以上方式节能出行 200 公里，每人可以减少汽油消耗 16.7 升，相应减排二氧化碳 36.8 千克。如果全国 1248 万辆私人轿车的车主都这么做，那么每年可以节油 2.1 亿升，减排二氧化碳 46 万吨。

6. 选购混合动力汽车

　　混合动力车可省油 30% 以上，与普通轿车相比，一辆混合动力汽车每年可因此节油约 378 升，相应减排二氧化碳 832 千克。如果混合动力车的销售量占到全国轿车年销售量的 10%（约 38.3 万辆），那么每年可节油 1.45 亿升，相应减排二氧化碳 31.8 万吨。

7. 选购小排量汽车

大排量的汽车，动力强劲，启动速度快，很受年轻人的青睐。殊不知，大排量汽车的这些优势在拥堵的城市里很少能发挥明显的作用，而能量消耗却一点儿都不少。汽车耗油量通常随排气量的上升而增加，相同距离不同排量汽车的耗油量不同，排气量为 1.3 升的车与 2.0 升的车相比，每年可节油 294 升，相应减排二氧化碳 647 千克。

8. 手动挡汽车比自动挡汽车省油

自动挡汽车装备有自动控制装置，行车中可根据车速自动调挡，无须人工操作，省去了许多换挡和踩踏离合的工作。不过，自动挡汽车的价格和维修费用都比手动挡汽车的高，且使用起来比手动挡汽车的费油。因为自动变速器的动力传递是通过液压来完成的，在工作中会造成动力损失，尤其是低速行驶或堵车中走走停停时，油耗会更大。自动挡汽车省事不省油，据测算，手动挡汽车比自动挡汽车省油 6% ~10%。

9. 开车时合理把握挡位节油

低挡起步，转速足够才可以换入高挡。既不要在低挡高速行驶，也没必要高挡低速行驶。开车时，可利用汽车仪表保持发动机经济行驶状态，随时观察各种仪表的指示情况，并按要求保持发动机工作在经济转速，以达到节油目的。有些新手不注意及时换挡，低挡起步后走了好远，速度上去了还不知换挡，这样非常费油。同样的车速可适当用略高一点的挡位，如保持 80 千米 / 小时，可用三挡大油门，也可用四挡小油门，不言自明，用四挡当然更省油。

10. 养成低碳驾车习惯

▲ 避免冷车启动
▲ 减少怠速时间
▲ 避免突然变速
▲ 选择合适挡位避免低档跑高速

11. 在阴凉处停车

在炎热的夏天，停车时要尽量选择阴凉的位置，如室内停车场。为了降低车厢的温度，在确保安全的情况下，

停车后可给车窗留条缝。用反光遮阳板挡在前挡玻璃下，也可以有效挡住阳光，防止车厢变"烤箱"。进入烤热的车厢后，要赶紧打开天窗和所有的车窗，头几分钟不要开空调，车子起步后可以很快地将热气排出车外，等车内外温差缩小后再开空调。

12. 选择适宜的经济车速

经济车速是指汽车的最少耗油量车速。在长途行驶中，应尽量按照车辆设计的经济车速或略高于经济车速的速度行车。速度过低费油，速度过高车辆振动频率增大，

汽车操纵性和稳定性受影响，发动机在大负荷状态下运行，油耗也会增加。每一种车型的经济车速是不同的，一般经济型轿

车的经济车速是 60 ～ 80 千米 / 小时，中高档轿车的经济车速是 80 ～ 90 千米 / 小时。

13. 尽量减少刹车次数

汽车行驶中突然刹车、静止状态下急速起步，都会加大油耗。据测试，普通轿车急速起步 10 次，增加耗油 120 毫升以上。突然加速要比平稳加速多消耗 1/3 燃油。因此，开车时要尽可能多地利用汽车的惯性，减少不必要的刹车。

14. 汽车也需要保养

给汽车贴膜，定期更换机油，轮胎气压要适当。

使用黏度较低的综合性润滑油，能提高汽车性能，减少约 5% 的二氧化碳排放量。给燃油回路加装节油器，可以使燃料的燃烧效率更高，节省 5% ～ 10% 的燃油。另外，定期检查轮胎气压和更换机油，经常保持冷却水箱的清洁，使用汽油清净剂，定期保养发动机和空滤器，定期检查火花塞等，都是保养汽车的好方法，也能有效降低汽车的碳排放。

轮胎的气压与油耗密切相关，要控制好轮胎气压，轮胎气压过低、过高都不好。胎压过低会使轮胎变形、胎肩磨损，行驶阻力增大，油耗明显上升。胎压过高会增加胎面中心磨损，使乘坐舒适性降低，轮胎抓地力下降，并易爆胎。

15. 洗车节水法：建议用桶盛水擦洗自家车辆

▲ 用桶装水洗车

▲ 用家庭废水洗车

▲ 使用汽车清洗机洗车

▲ 用节水喷雾枪洗车

▲ 到使用中水的洗车行洗车

16. 选择每月少开一天车

每月少开一天，每车每年可节油约 44 升，相应减排二氧化碳 98 千克。如果全国 1248 万辆私人轿车的车主都做到，每年可节油约 5.54 亿升，减排二氧化碳 122 万吨。

17. 少坐电梯、多爬楼梯

目前全国电梯年耗电量约 300 亿度。通过较低楼层改走楼梯、多台电梯在休息时间只部分开启等行动，大约可减少 10% 的电梯用电。这样一来，每台电梯每年可节电 5000 度，相应减排二氧化碳 4.8 吨。全国 60 万台左右的电梯采取此类措施每年可节电 30 亿度，相当于减排二氧化碳 288 万吨。

好省"器"
（家具低碳节能）

一、选购

买电器注意看节能指标

（1）中国节能认证标志

节能产品认证的节能标志，属于国际上通行的产品质量认证范畴，是由中国节能产品认证管理委员会确认并通过颁布的，这一标志具有一定的权威性和代表性。

（2）能效标志

能效标志可以区分电器节能的程度和等级，可以用来表示产品的能源效率等级，消费者可以用此项指标作为购买的参考信息。能效标志可以使消费者能够对不同产品的节能效果进行比较，从而使消费者能够购买到更节能、更省钱的产品。

（3）能效等级

我国的能效等级主要分为 1 级、2 级、3 级、4 级、5 级五个等级。

1 级代表达到国际先进水平，能耗最低、最节能；2 级代表比较节能；3 级代表产品的能源效率为我国市场的平均水平；4 级代表能源效率低于市场平均水平；5 级则是市场准入指标，低于该等级的产品不允许生产和销售，也就是说这是一道门槛。

二、照明

1. 尽量使用节能灯具

节能灯具就是我们所说的 LED 灯。LED 灯是比较新型的灯具，无论是节能还是其他方面都是比较跟得上现在社会发展的。所以，现在很多人的家里都用上了 LED 灯。LED 节能灯是普通节能灯后的新型照明光源，采用了高亮度的白色发光二极管作为发光源。与普通节能灯相比较，LED 节能灯更加绿色环保，且有很高的光效，寿命较长，可回收利用，大大减少了资源的浪费。

LED 节能灯有柔和的光色、光线丰富多彩，无频闪、可以调节光线强弱，夜晚用灯还能对眼睛起到很好的保护作用。不仅适用于家庭，营造漂亮、绚丽的光照环境，烘托出场景效果，能感觉到各种场景氛围，也适用于任

何室内如商场、酒店、银行、医院等公共场所，且都可以做长时间照明使用。

2. 养成在家随手关灯的好习惯

通用的说法是，以现在的技术来说，绝大部分的发电是要产生二氧化碳的，也就是说电用得越少产生的二氧化碳就越少，就"低碳"了。

但凡事要全面来看，开灯的一瞬间其实是很耗电的，差不多开一次灯和连续开灯一两小时消耗的电量是差不多的，所以如果关了灯过不了多久又要开的话，还不如一直开着比较省电。

3. 善用日光少开灯

拉开窗帘，善用日光少开灯，每户每年可节电约 4.9 度，相应减排二氧化碳 4.7 克。

三、太阳能热水器的合理化使用

1. 洗澡时

如果太阳能热水器里的水已用完，而人还没有冲洗干净，这时可以上几分钟冷水，利用冷水下沉，热水上浮的原理，将真空管里的热水顶出，就能洗澡了。

利用 A 的原理，如果洗完澡后，太阳能热水器里还有一点热水，这时上几分钟冷水，所得热水可以多洗一个人。（每支真空管产热水量 6.5 升或 8 升）

根据天气预报决定上水量，可以获得比较满意的水温：如果晴天，可把水上满；阴天或多云，则上半箱水；有雨，保留原有的水不上冷水。

2. 晚上洗完澡后

如果热水器水箱里还有一半近 70℃ 的热水，为了防止热散失过大（水量越少，热散失越快），也要根据天气预报决定上水量，晴天，上满水；阴雨天，则上 2/3 的水。

3. 副水箱的作用

副水箱主要服务于定时供水和水压不稳的地区，储水量为太阳能热水器的 1/2~3 倍，安装在楼顶上，与太阳能热水器配合使用。主要功能是洗浴时兑凉水调节水温，另外可在停水时做蓄水箱用，也可沉淀无自来水地区的水中杂质。

4.. 冷热水调节

太阳能热水器的水温调节步骤是：先打开冷水阀，适当调节冷水流量，再打开热水阀调节，直到得到所需洗浴温度。另外，可以凭经验根据天气情况确定冷水量。注意喷头不要朝向人体，以免烫伤。

5. 抗风措施

由于太阳能热水器的零部件连接可靠，抗风性能主要取决于它的安装固定方式，目前采用 8# 镀锌铁丝和加长膨胀螺栓固定，前后形成八字形，抗风性能良好。另外，在沿海等风力较强地区，改变支架结构，或者去掉背板，用固定电线杆用的钢绞绳固定，效果更佳。

6. 如何延长寿命

为了延长太阳能热水器的使用寿命，用户在使用过程中应注意以下几点：

▲ 热水器安装固定好后，非专业人员不要轻易挪动、卸装，以免损坏关键元件。

▲ 热水器周围不应放杂物，以消除撞击真空管的隐患。

▲ 定期检查排气孔，保证畅通，以免胀坏或抽瘪水箱。

▲ 定期清洗真空管时，注意不要碰坏真空管的尖端部位。

▲ 冬季应预防管道冻裂，并保证排气管畅通。

▲ 有辅助电加热装置的太阳能热水器应特别注意上水，防止无水干烧。

四、天然气灶的合理化使用

用大火比用小火烹调时间短，可以减少热量散失。但也不宜让火超出锅底，以免浪费天然气。

夏季气温高，烧开水前先不加盖，让比空气温度低的水与空气进行热交换，等自然升温至空气温度时再加盖烧水，可省燃气。

五、暖气的合理化使用

在使用暖气片时，可以关闭或调低无人居住房间的暖气片。如果住房面积较大、房间较多而且人口又比较少的情况下，那么不住人或者使用频率低的房间的暖气片阀门完全可以关闭或调小。

　　这样相当于减少了供热面积，不仅节能，而且在正常使用的空间供暖温度上升也会加快，减少了燃气消耗。

　　用户可以自行根据自己想要采暖的房间，选择安装位置、采暖时间、采暖温度甚至暖气片的样式。但是其需要暴露在房间的笨重外观和容易导致受热效果不均匀的缺点，逐渐在家庭用户中开始淘汰。

六、电器

1. 家用电器使用时的碳排放

（1）照明用电

使用高效节能灯泡代替传统电灯泡，能避免 4 亿吨二氧化碳被释放。

节能灯最好不要短时间内开关，节能灯其实在开关时是最耗电的。

白天可以干完的事不留着晚上做，早睡早起有利于身体健康，又环保节能。

（2）低碳烹调法

尽量节约厨房里的能源。食用油在加热时产生致癌物，并造成油烟污染居室环境。减少煎炒烹炸的菜肴，多煮食蔬菜。不要把饭锅和水壶装得太满，否则煮沸后溢出汤水，既浪费能源，又容易扑灭灶火，引发燃气泄漏。调整火苗的燃烧范围，使其不超过锅底外缘，取得最佳加热效果。如果锅小火大的话，火苗烧在锅底四周只会白白消耗燃气。

（3）家用电器的节能使用

购买洗衣机、电视机或其他电器时，选择可靠的低耗节能产品。

电视、电脑不用时及时切断电源，既节约用电又防止插座短路引发火灾的隐患。不用时关掉饮水机的电源。保持冰箱处于无霜状态。

（4）循环再利用

靠循环再利用的方法来减少材料循环使用，可以减少生产新原料的数量，从而降低二氧化碳排放量。例如，纸和卡纸板等有机材料的循环再利用，可以避免从垃圾填埋地释放出来的沼气（一种能引起温室效应的气体，大部分是甲烷）。据统计，回收一吨废纸能生产800千克的再生纸，可以少砍17棵大树，节约一半以上的造纸原料，减少水污染。因此，节约用纸就是保护森林、保护环境。

回收塑料及金属制品，1千克铝的重新利用可以避免11千克二氧化碳排放。

尽量少消耗铝膜包装的利乐砖包装，以及其他一次性用品。

（5）节省取暖和制冷的能源

大部分家庭的能源都消耗在取暖和制冷上。只要有效地使用自然通风和避免房间过暖，就能简单地减少 10% 的费用和二氧化碳排放量。

2. 电饭锅越用越有 "量"

★ 将要煮的大米洗好，倒进锅中，然后把锅底擦干，再左右旋动几下，使之与底盘充分接触，然后盖好锅盖，进行加热。

★ 如果用电饭锅煮粥、做汤，滚开时应将锅盖打开或半盖，当煮好后，按键也不会自动上跳。这不是磁钢限温器的毛病，需要切断电源，人工将按键拔起。

★ 热冷饭或蒸面食

时，应先将蒸板放入内锅，加少许水，再将要蒸的食物放入，按下按键，待水干饭透，按键自动上跳。若水太多，就要凭经验，待冷饭热透或馒头煮熟后，再人工切断电源。

★ 日常要注意清洁电饭锅，注意电热盘表面与锅底的残留物，切忌异物介入，否则内锅及电热盘接触不良，煮不好饭，甚至烧毁了电热盘。

★ 煮饭前浸泡 30 分钟后再用热水煮，可省电 30% 的电。

3. 巧用电冰箱，节能效果强

★ 冰箱内存放食物的量最好控制在 80% 左右，无论是多还是少了，都费电。

★ 食品之间、食品与冰箱之间应留有约 10 毫米以上的空隙。

★ 用数个塑料盒盛水，在冷冻室制成冰后放入冷藏室，这样能延长停机时间、减少开机时间。

4.微波炉"烤出"节能来

★ 尽可能使用"高火"。

★ 为减少解冻食品时开关微波炉的次数，可预先将食品从冰箱冷冻室移入冷藏室，慢慢解冻，并充分利用冷冻食品中的"冷能"。

5. 合理使用抽油烟机

抽油烟机又称吸油烟机，是一种净化厨房环境的厨房电器。它安装在厨房节能炉灶上方，能将炉灶燃烧的废物和烹饪过程中产生的对人体有害的油烟迅速抽走，排出室外，减少污染，净化空气，并有防毒、防爆的安全保障作用。

抽油烟机需要定期进行清洗，简单清洗是处理不掉油污的，清洗抽油烟机必须使用专业的清洗剂。

厨房做饭时，应尽量避免抽油烟机长时间空转。

6. "洗出来"的洗衣机

★ 选用节能洗衣机，洗衣机载满才开，以减低耗电。

★ 在同样长的洗涤时间里，弱挡工作时，电动机启动次数较多，也就是说，使用强挡其实比弱挡省电，且可延长洗衣机的寿命。

★ 按转速 1680 转 / 分钟（只适用涡轮式）脱水 1 分钟计算，脱水率可达 55%。一般脱水不超过 3 分钟。再延长脱水时间则意义不大。

7. 电视节能

电视机在待机状态下耗电量一般为其开机功率的 10% 左右。

8. 投影仪节能

★ 切换时间间隔应为 5 分钟左右。我们尽量不要频繁地开关投影仪，同时在关闭投影仪后要是想重新开机的话，就必须耐心等待 5 分钟左右。

★ 投影环境不宜反光。我们尽可能避免在光线太强下使用，这是由于太强烈的环境光线可能会使灯泡亮度效果变得比较差。

★ 确保电源的"同一性"。为了防止灯泡发生爆炸或者出现工作功率不匹配的现象，在将投影仪连接到电源插座上时，应注意电源电压的标称值，机器的地线和电源极性，并要注意接地。

★ 开关电源注意先后顺序。通常情况下，在打开投影仪时，首先接通电源，再持续按住投影仪控制面板中的 LAMP 指示灯，直到出现的绿灯不闪烁为止。关机时不能直接断掉电源，应该先持续按住 LAMP 指示灯直到绿灯不闪、投影仪散热风扇停止转动为止，最后再切断电源。

★ 我们一定要注意让投影仪每次工作的持续时间不能超过 4 小时。

★ 清洁的环境。

★ 降温。我们在使用投影仪时，一定要注意使用环境的温度和通风条件。

投影仪的注意事项

投影仪的摆放

用户在使用投影仪时，须将投影仪摆放在通风位置，这样更利于投影仪散热，降低由于散热不良所导致的故障问题。

投影仪须进行定期清理

建议用户在使用投影仪时，须定时对投影仪进行清理，定时的清理工作能延长设备的使用寿命，特别是投影仪的过滤网，过滤网原本便有阻碍外界杂物进入投影仪内部的作用，因此更需要经常清理。清理过滤可用吸尘器对过滤网进行杂物吸附，再用清水清洗晾干即可。

夏季使用投影仪可用辅助工具散热

由于夏季天气炎热，假设室内的通风不良，便可选用电风扇等散热工具进行通风散热，有利于延长投影仪使用寿命。

梅雨天气要尽量避免使用

梅雨天气相对比较潮湿，投影仪使用者要尽量少用设备，防止受潮，导致故障问题发生。

投影仪关机的正确方式

小编在这里温馨提示，投影仪在关机后切勿马上拔掉电源，要等个两三分钟，到散热风扇停止后便可断电。

投影仪不宜长时间使用

投影仪使用时间切勿过长，长时间使用会让灯泡烧坏。用户要学会控制使用时间，一般不超过 4 小时，也可以播放一段时间便休息一段时间。

减少开机次数

投影仪要尽量减少开机次数，开机次数的减少能延长设备的使用寿命，对灯泡的使用也有很大益处。

9. 合理使用热水器

★ 生活规律，可以选购带电脑控制功能的热水器，这样可以预约好用水时间，热水器只在设定时间段内工作加热，其他时间处于关闭状态，达到节电的目的。

★ 有老人和孩子的家庭，如果用水时间不固定，只是手盆等地方有少量用水，那么可以启动热水器的中温保温功能，24小时耗电量不到一度电，保证少量用水的需求。

★ 夏季如果仅满足一个人冲凉的需求，便可以使用热水器的分层加热技术，这样仅用半胆加热完全可以满足个人的洗浴要求，以此节能省电。

★ 如果用户所在地区已经开始实行峰谷电价，那么您可以选择夜间加热，白天用水，这样可以节省一半的电费。

在合理使用热水器功能达到节电目的的同时，电热水器的保养也同样重要。

由于储水式电热水器是采用内胆储水的设计，因此长时间使用后，需要对内胆进行清洗，保证热水器内胆的水不会产生水垢、水锈等杂质，同时延长热水器内胆的使用寿命。

10. 巧用空调吹出节能风

★ 定期清理。

★ 空调启动瞬间电流较大，频繁开关相当费电，且易损坏压缩机。

★ 将风扇放在空调内机下方，利用风扇风力提高制冷效果。

★ 空调开启后马上开电风扇。

★ 晚上可以不用整夜开空调，省电近90%。

★ 将空调设置在除湿模式工作，此时即使室温稍高也能令人感觉凉爽，且比制冷模式省电。

11. 合理使用电吹风

★ 电吹风机必须在铭牌上规定的电源电压下使用。对电源线为三线的电吹风机应该正确无误地接好接地线。

★ 使用电吹风机时其进出风口必须保证畅通无阻，否则不但达不到使用效果，并会造成过热而烧坏器具。

★ 用于吹干湿发时，应使电吹风机出风口距离头发一定距离（不小于50毫米），防止堵塞风口和烧焦头发。同时避免吹干头发时产生的水蒸气影响绝缘强度造成漏电，所以保持一定距离对安全来讲是重要的。

★ 电吹风机在使用结束前，尽量做到将电吹风机先从"热"挡切换到"冷"挡，以便先切断电热元件电源。再让电热元件的剩余热量由冷风帮助吹出，使电吹风机内部温度降低，然后再将全部电源切断。这样可使电吹风机内部绝缘老化减慢，延长使用寿命。同时放置在桌上时不易烫伤其他物件。

★ 电吹风机尽量不要连续使用时间太久，应间隙断续使用，以免电热元件和电机过热而烧坏。电吹风机平时不使用时应放置在干燥场合，切忌放置露天或潮湿场合，长期不用后取出时，应该先检查绝缘电阻，在符合要求下方能正常使用，以保证使用时的人身安全。由于空气中有灰尘，虽然很多电吹风机在进风口处装置过滤网，起着保护作用，但不能防止颗粒很小的灰尘，而且并非所有电吹风机皆有过滤网布。为此必须定期清理灰尘，防止堵塞风道和损害元件。

★ 电吹风机切勿随意掷甩，其中电热元件和电机会因受机械冲力而损坏，同时不要轻易随便拆卸，以免损坏部件。为了保证电吹风机的正常使用，应定期对电动机的轴承部分以及其他旋转部位加注润滑油，但油量不宜太多，以免流到线圈而造成故障。

12. 制伏熨斗"电老虎"

★ 不同的衣料选择的温度不同，因此需要先了解清楚衣服的布料，建议可以先找一件不怎么穿的衣服试试。总而言之，从低温逐渐开始上调就一定不会错。

★ 为避免熨斗产生水垢，应尽量灌注冷开水。等到水温达到所调的温度后，再开始熨烫，否则水会从底板漏出。但有些许的水滴也并不代表熨斗发生故障，而只是温度不够。

★ 熨好的衣服，不要马上放进衣柜内，应先挂在晾衣竿上，让热气完全蒸发后再挂进衣柜，这样才不会发霉或者腐坏。

★ 用完后，务必将熨斗内的水倒干净，如果倒不干净，可通电让蒸汽从底板喷出，但一定要注意安全，切忌用手去触碰熨斗的底部。

★ 如果熨斗产生水垢，可利用熨斗自动清洗功能自动清洗。如果产品无此功能，可用少量醋兑水注入熨头内，然后用强力蒸汽喷放方式喷射蒸

汽，即可去除水垢，最后用清水洗净便可。

13. 合理使用抽水马桶

★ 尽量按"少量"那个键；

★ 可以把马桶水箱里的浮球调低 2 厘米；

★ 大、小便后冲洗厕所，尽量不开大水管冲洗，而充分利用使用过的"脏水"；

★ 使用节水型设备，每次可节水 4~5 千克；

★ 在马桶的水箱里面放几块板砖，减少水箱的储水体积。

14. 建立节省档案

把每月消耗的水电煤气也记记账，做到心中有数。

朝九晚五——绿色格子间
（低碳办公）

一、使用电脑时的碳排放

世界上所有电脑每年会产生约 3500 万吨废气。全球信息技术设备排放的二氧化碳占二氧化碳总排放量的 2% 左右。

电脑配件越来越耗电，一个重要的原因是部分硬件厂商为了增加性能，往往会采取提高电压的方法来调高时钟频率。众所周知，电压提高后配件的功耗也会成倍提高，因而这些"高性能产品"同时也是名副其实的"电老虎"。配件电压升高会影响电子器件的寿命，同时还会带来发热引起的系统稳定性问题。

二、合理选择电脑配件

★ 显示器选择适合的亮度。显示器亮度过高会增加耗电量，也不利于保护视力。要将电脑显示器亮度调整到一个适合的范围内。

★ 当电脑只用来听音乐时，可以将显示器调暗或是关掉。电脑关机后也要随手关掉显示器。

★ 设置合理的"电源使用方案"。为电脑设置合理的"电源使用方案"：短暂休息期间，可使电脑自动关闭显示器；较长时间不用，使电脑自动启动待机模式。坚持这样做，每天可至少节省1度电，还能延长电脑显示器的寿命。

★ 使用耳机听音乐时可以减少音箱耗电量。在用电脑听音乐或者看影碟时，最好使用耳机，以减少音箱的耗电量。

★ 关掉不用的程序。使用电脑时，应养成关掉不用的程序的习惯，特别是桌面搜索、无线设备管理器等服务程序，在不需要的时候把它们都关掉。

★ 屏保画面要简单。屏保越简单越好，以免耗电。最好把屏保设置为"无"，然后在电源使用方案里面设置关闭显示器的时间，直接关显示器比起任何屏幕保护都要省电。

★ 播放光碟文件尽量先拷贝到硬盘。要看 VCD 或者 DVD，不要使用内置的光驱和软驱，可以先复制到硬盘上面来播放，因为光驱的高速转动将耗费大量的电能。

★ 经常保养电脑。电脑主机积尘过多会影响散热，导致散热风扇满负荷工作，显示器屏幕积尘会影响屏幕亮度。因此，平时要注意防潮、防尘，并定期清除机内灰尘，擦拭屏幕，既可节电，又能延长电脑的使用寿命。

★ 电脑关机拔插头。关机之后，要将插头拔出，否则电脑会有约 4.8 瓦的能耗。

★ 禁用闲置接口和设备。对于暂时不用的接口和设备如串口、并口和红外线接口、无线网卡等，可以在 BIOS 或者设备管理器里面禁用它们，从而降低负荷，减少用电量。

三、办公室电脑节能方式

★ 不用打印机时，将其断电。

★ 短时间不用电脑时，启用电脑的"睡眠"模式或不用电脑时以待机代替屏幕保护，能耗可下降到 60% 以下。

★ 关掉不用的程序和音箱、打印机等外围设备；少让硬盘、软盘、光盘同时工作；适当降低显示器的亮度。

★ 用液晶电脑屏幕代替 CRT 屏幕。

★ 选择合适大小的显示器。

★ 减少使用内置光驱；合理选择关机方式。

用笔记本计算机要特别注意

★ 对电池完全放电；尽量不使用外接设备。

★ 关闭暂不使用的设备和接口。

★ 关闭屏幕保护程序。

★ 合理选择关机方式。

★ 需要立即恢复时采用"待机"、电池运用选"睡眠"、长时间不用选"关机"。

四、办公室打印机节能方式

1.减少开机次数

喷墨打印机每启动一次，都要自动清洗打印头和初始化打印机一次，并对墨水输送系统充墨，这样就使大量的墨水被浪费，因而最好不要让它频繁启动。最好在打印作业累积到一定程度后集中打印，这样可以起到节省墨水的效果。

2.选择合适的打印模式

喷墨打印机的耗墨量与其打印质量和分辨率成正比，

应根据不同的应用要求选择不同的打印分辨率和打印质量。现在的喷墨打印机都增加了"经济打印模式"功能，在打印平时自己看的文件时，完全可以采用这种模式。使用该模式可以节约差不多一半的墨水，并可大幅度提高打印速度。不过，如需高分辨率的文件还是不要选择该模式。

3. 巧妙使用页面排版进行打印

现在的喷墨打印机都支持页面排版的方式来打印文件，使用该方式来打印，可以将几张信息的内容集中到一页打印出来。在打印时把这个功能和经济模式结合起来就能够节省大量墨水。但该功能并不仅仅是为了省墨才设置的，比如在打印一本书的封面时，该功能是非常有用的。

4. 减少墨头清洗次数

喷墨打印机在使用过程中常出现墨头被堵现象，造成被堵的原因很多，如打印机的工作环境、墨水的质量、打印机闲置的时间等，由于每次清洗墨头都要消耗大量的墨水，所以应尽量减少清洗墨头的次数。如果发生堵头现象，在清洗喷头一次之后没有效果，请不要马上就重复清洗喷

头，等一天之后一般的堵头问题就可以解决。如果当时连续清洗多次，未必马上出效果，且费墨严重。

5.避免墨盒长时间暴露

避免将墨盒长时间暴露在空气中而产生干涸堵塞现象，应该在墨盒即将打完墨时马上灌墨，并且灌墨后立即上机打印。

要是打印机暂时不使用的话，也可以将喷头放在专用的喷头存储盒中，其中特制的垫可以阻隔空气，保持喷嘴的长久润湿。

6.不要立即更换墨盒

这是因为，喷墨打印机是通过感应传感器来检测墨盒中的墨水量的，不论几种墨色，只要检测到一种墨水含量小于内部设定，便提示要更换墨盒。如果能满足你的需求，可不必立即更换墨盒，以免造成不必要的浪费。

7.设置打印缩放比例

如果对打印内容要求不是太高，可进行表格的压缩打印，即选择在一张纸上打印几页容量的表格。设置时只须打开"页面设置"对话框的"页面"选项卡，选中"缩放比例"单选框，输入需要缩放的比例（如"50%"）就可以了。如果要打印的表格内容超过了一页，且第 2 页中的记录数只有几行，可选择将第 2 页中的内容打印到第 1 页上，这样既美观又节约了纸张。方法是将页面设置调整为"1 页宽1 页高"就可以了。

8. 减少大面积底色

有的人设计网页或图表时喜欢用黑色或其他深色做底色，这很消耗墨水，因而在打印前，需要将底色去掉或用较淡的墨水；否则，深的底色既浪费了墨水，还可能因为打不好而不能用。

9. 打印机共享，节能效果更好

将打印机联网，办公室内共用一部打印机，可以减少设备闲置，提高效率，节约能源。

10. 运用草稿模式打印，省墨又节电

在打印非正式文稿时，可将标准打印模式改为草稿打印模式。具体做法是在执行打印前先打开打印机的"属性"对话框，单击"打印首选项"，其下就有一个"模式选择"窗口，在这里我们可以打开"草稿模式"（有些打印机也称之为"省墨模式"或"经济模式"）。这样，打印机就会以省墨模式打印，省墨30%以上，同时也可提高打印速度，节约电能。

11. 打印尽量使用小号字

根据不同需要，所有文件尽量使用小字号，可省纸省电。

12. 不使用打印机时将其断电

留意打印机的电源插头，长时间不用，应关闭打印机及其服务器的电源，同时将插头拔出，减少能耗。不使用打印机时将其断电，每台机器每年可省电10度，相应减排二氧化碳9.6千克。

五、办公室复印机节能方式

★ 选购通过"中国节能产品认证"的节能复印机。根据单位规模的大小选择合适型号的复印机。复印任务非常少的公司可以选择打印、复印、传真一体机。

★ 复印机每次在开机时，要花费很长时间来启动，当不用复印机时，应视时间长短来选择关闭或处于节能状态。一般来说，40 分钟左右内没有复印任务时，应将复印机电源关掉，以达到节电的目的；如果 40 分钟内还有零散的任务时，可让复印机处于节能状态。这样既节能，又能保护复印机的光学元件。

★ 将复印机放在一个干净的环境内，远离灰尘，远离水，并且不要在复印机上放置太重的物品。

六、办公室传真机节能方式

★ 选购节能型的传真机。

★ 可以使用网络传输的文件不用传真机。

★ 传真机长时间不用时应关闭电源，短时间不用时应使其处于节能状态。

★ 下班后关闭传真机，并切断电源。

★ 多用微信、电话、QQ 等即时通信工具，少用传真打印机。

七、使用纸张时的碳排放

一棵树生长 40 年，平均每年吸收二氧化碳 465 千克，平均每天吸收 1.27 千克。20 棵树一天就能吸收 25.5 千克二氧化碳。我们每造一吨纸，这个世界的二氧化碳就有 25.5 千克没有被森林转化吸收，也就相当于增加了 25.5 千克的二氧化碳。我们的祖国有近 14 亿人口，如果每人每天用去一张纸，每天就要用去 14 亿张纸，按一张 A4 纸 0.3 克计算，14 亿张纸就有 420 吨，就要砍掉 8400 棵成年的树，将会有 10710 千克二氧化碳没有被森林吸收。

八、合理使用纸张

1. 纸张双面打印、复印

纸张双面打印、复印，既可以减少费用，又可以节能减排。如果全国 10% 的打印、复印做到这一点，那么每年可减少耗纸约 5.1 万吨，节能 6.4 万吨标准煤，相应减排二氧化碳 16.4 万吨。

2. 使用再生纸

以原木为原料生产 1 吨纸，比生产 1 吨再生纸多耗能 40%。使用 1 张再生纸可以节能约 1.8 克标准煤，相应减排二氧化碳 4.7 克。如果将全国 2% 的纸张使用改为再生纸，那么每年可节能约 45.2 万吨标准煤，减排二氧化碳 116.4 万吨。

九、提倡无纸化办公

1. 用电子邮件代替纸质信函

在互联网日益普及的形势下，用一封电子邮件代替一封纸质信函，可相应减排二氧化碳 52.6 克。如果全国 1/3 的纸质信函用电子邮件代替，那么每年可减少耗纸约 3.9 万吨，节能 5 万吨标准煤，减排二氧化碳 12.9 万吨。

2. 用电子书刊代替印刷书刊

如果将全国 5% 的出版图书、期刊、报纸用电子书刊代替，每年可减少耗纸约 26 万吨，节能 33.1 万吨标准煤，相应减排二氧化碳 85.2 万吨。

3. 用手帕、毛巾代替纸巾

用手帕代替纸巾，每人每年可减少耗纸约 0.17 千克，节能 0.2 吨标准煤，相应减排二氧化碳 0.57 千克。

如果全国每年有 10% 的纸巾使用改为用手帕代替，那

么可减少耗纸约 2.2 万吨，节能 2.8 万吨标准煤，减排二氧化碳 7.4 万吨。

十、合理使用办公用笔

笔是办公场所中的必备品之一，一支笔虽然小小的并不起眼，但如果忽视了它也会造成极大的浪费。在办公室中，可采用以下方式合理使用办公用笔：

★ 使用可更换笔芯的书写笔代替一次性的书写笔。

★ 尽量减少木质铅笔的使用，代以自动铅笔。

★ 尽量使用墨水笔，一支上好的书写笔的价格可以买十多瓶墨水，而墨水往往可以使用更长的时间。

十一、办公室空调节能方式

★ 室外机置于易散热处，室内外连接管尽可能不超过推荐长度，可增强制冷／制热效果。

★ 应具备合适的用电容量和可靠的专线连接，并具有可靠的接地线。尽量少开门窗，使用厚质、透光的窗帘可以减少房内外热量交换，利于省电。

★ 开空调之前，提前开窗换气，空调开机后将窗户关闭。

★ 设定适当的温度，夏天将温度调为26℃以上，冬天在20℃左右。

★ 定期清扫滤清器，约半个月清扫一次。若积尘太多，应把它放在不超过45℃的温水中清洗干净。清洗后吹干，然后安上，使空调的送风通畅，降低能耗的同时对人的健康也有利。

★ 不要挡住出风口，否则会降低冷暖气效果，浪费电力。

★ 调节出风口风叶，选择适宜出风角度，冷空气比空气重，易下沉，暖空气则相反。所以制冷时出风口向上，

制热时出风口向下，调温效率大大提高。

★ 控制好开机和使用中的状态设定，开机时，设置高风，以最快达到控制目的；当温度适宜，改中、低风，减少能耗，降低噪声。

★ 较长时间离开办公室、下班后将空调关闭，并将电源切断。

★ 写字楼内的中央空调，夏天要按照国家规定的"写字楼内温度不能低于26℃"的要求设定好，冬天也不要设置很高的温度。

★ 提前开窗换气，之后就将窗户关闭或者开个小缝。

★ 办公室内最后一个人离开时，要将办公室空调关闭。

十二、其他办公低碳习惯

★ 长时间不用电脑时，应将其关闭或是设置为待机状态。关闭电脑时，应将显示器一起关掉。

★ 合理使用灯光照明，随手关灯，人少时关闭部分照明灯。自然光线充足的白天一般不准开灯办公，杜绝"长明灯"现象（有办公楼中间幕墙遮挡的办公室除外）。

★ 下班后，要自觉关闭空调、电灯、打印机、饮水机以及电脑（包括显示器）等所有用电设备，切断室内电源，以杜绝浪费。尤其是最后一个离开办公室的员工，有义务对该办公室的电器设备是否关闭进行检查，保证一切用电设备关闭。

★ 办公室严禁乱拉、乱接照明灯具，严禁更换和乱接电源、插座等违章用电行为。不得擅自改装、加装、拆卸供电设备等违章用电行为。禁止私拉、私接电源线、宽带线和照明工具，需要时应向公司申请办理。

★ 禁止任何损坏空调、开关或灯具等用电设施的违规行为，如有违反规定造成损失或事故，除加倍赔偿外，还要追究相应责任。

★ 公司员工发现用电隐患包括电源起火、漏电、断电等异常情况应立即停止使用，并第一时间将情况报至相关部门。

★ 办理审批事项时，减少审批程序，实行集中办理、联合审批、网上审批等。

★ 减少会议频率，缩短会议时间，推行电话会议、视频会议。召开视频会议可以快速提升信息流通速度，提高工作效率和管理水平。减少出行，节省差旅费，大大减少碳排放量。

★ 严格办公室节能制度，办公室实行电量监管。

★ 加强办公耗材管理，减少回形针、修改带、修改液等含苯类物品的使用。

★ 提倡使用钢笔书写，尽量不使用一次性签字笔。

★ 实行办公设备定期维护和保养制度，减少设备损耗，延长使用寿命。

★ 在办公室中推行使用节能灯。

★ 淘汰的办公设备交有关机构统一处理，调理后将能继续使用的捐给贫困地区。

★ 为主办的大会购买碳指标，抵扣碳排放，实现碳中和。

★ 加强公车管理，提高公车使用效率，限制公车私用。

★ 为卫生间配备节水龙头，杜绝"跑、冒、滴、漏"和"长流水"现象。

★ 严格控制公务接待标准；陪客要限制人数，不得一客多陪；提倡来客招待限额包干制，严禁铺张浪费。

★ 使用节能空调设备，夏天空调设置应不低于 26℃，冬季设置应不高于 20℃，下班前 30 分钟关闭空调。

★ 推行无烟办公室。在设立的吸烟区内，张贴戒烟宣传品。

★ 办公室中注意绿色植物的摆放，既美化环境，又吸收空气中的有害气体，保护环境。

★ 绿地用水和景观环境用水鼓励使用雨水和符合用水水质要求的中水。

★ 重复使用公文袋，并减少办公室内一次性物品（如

一次性纸杯）的使用。

　　★ 响应国家开展的全国公共机构节能宣传周"绿色办公、低碳生活"的主题。在"绿色出行日"，乘坐公共交通工具、骑自行车或步行上下班；在"能源紧缺体验日"，停开办公区域空调一天（除特殊场所外），停开公共场所（如门厅、走廊、卫生间）照明一天。6层以下办公楼及其他公共建筑原则上停开电梯，高层建筑电梯分段运行或隔层停开。

十三、办公日常工作行为习惯

　　★ 自带一份工作午餐

　　★ 不喝袋装茶

　　★ 少坐电梯

　　★ 节水节电

十四、爱护办公环境

★ 每天早上在上班前，部门值日生将所有办公区域的地面清扫一遍；会议室的办公桌擦拭一次，座椅摆放整齐，并将垃圾桶的垃圾清理干净；每周对办公区域的所有窗户、门、微波炉进行一次清洁。

★ 员工应注意保持地面、墙面及其他公共区域的环境卫生，不乱丢垃圾、不吐痰，不乱张贴，能及时清理污物。

★ 使用会议室的员工应爱护会议室设施、保持会议室的整洁，会后应将座椅归还原位、摆放整齐，及时清理会议产生的垃圾，关闭电器、照明电源。

★ 多种植一些净化空气的植物。

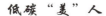 

一、彩妆也低碳，美丽不打折

女士们每次用完彩妆品剩下的包装，或因产品功效不满意而被闲置的化妆品，还有些甚至是因为喜新厌旧而被遗弃的单品，都会成为污染环境的彩妆垃圾，完全不符合人们低碳环保的生活方式。让我们在美丽不打折的前提下，来为你的彩妆瘦瘦身吧！

1. 睫毛膏瘦身法

睫毛膏是彩妆不可缺少的工具，每天被转来转去，殊不知这样每天打开一下的这几秒就可加快我们的睫毛膏风干程度。很多没用一个月就会换掉一支睫毛膏，这样是很浪费的。其实，用喷壶在刷头上喷洒两下再转入干掉的睫毛膏中，可以稀释睫毛膏从而延长其使用寿命。但切记，一定不要直接往睫毛膏中注水噢。

2. 唇膏瘦身法

如果你不是每天都习惯化妆的美眉，建议你多配几支唇膏。唇膏可以试着用来当腮红使用，使用方法是先用唇膏在手背画几圈，然后用手抹匀再轻轻地涂抹于两颊，这样连腮红刷都可以省掉咯。

3. 粉扑瘦身法

喜欢化妆的女生每天接触最多的就是粉饼，除了用来修饰肤色，还用来补妆。这么亲的"密友"也会被很多女生丢弃，很多被扔掉的粉扑除了全身涂满了粉底，其实和新买的没有两样。所以，准备一瓶粉扑清洗液吧。它不仅可以经常为你的"密友"消毒洁身，还可以节省买新粉扑的钱。

4.化妆棉瘦身法

每天早晚的卸妆和擦爽肤水都需要使用化妆棉。把厚的化妆棉一分为二却是非常环保的做法。这样既可以省下卸妆类护肤品的用量，也可以增加化妆棉的使用次数。

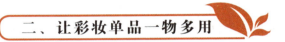

二、让彩妆单品一物多用

1.腮红

首先来看面部彩妆的多用法。腮红除了可以为肤色带来元气和红润感，还可以当作眼影用噢！

特殊用途

现在的腮红色系比较丰富，粉色、西柚色、"吃土色"层出不穷，而这些颜色其实也都经常在眼影盘里可以见到，所以用合适的腮红色轻轻铺满眼睑也是很有智慧的套路。如果你只用修容不用腮红那就更方便啦，妥妥的棕色眼妆随便用手指抹两下就完成啦。

2.唇膏

如果忘了带腮红该怎么办呢？那就把唇膏派上场吧！

特殊用途

只要不是完全哑光质地的或者颜色特别夸张的唇膏，其实都可以轻轻拍在苹果肌上，然后用指腹的温度晕开噢，这样唇色和腮红色相配的妆容其实也是流行热点之一。如果是滋润型的唇釉还可以和底妆有更高的融合度噢！

3.眉笔

眉眼妆决定了拍照的效果，所以眼妆部分的产品宝宝们都会控制不住带超量！

特殊用途

其实只要带好眉笔就能一物多用了。眉笔画完后其实还可以当眼线笔用，只要顺着睫毛根部温柔描画，一样可以为双眼赋予神采。

4.睫毛膏

如果没带眉笔怎么办？好办，拿出睫毛膏刷刷刷一样可以打造丰盈毛流！

特殊用途

只要睫毛膏不是特别版的浓黑型，完全可以充当有色眉胶用。用睫毛膏顺着眉毛的生长方向刷两下就可以啦，睫毛膏中带有的纤维物质还可以让毛流看起来更加蓬松和浓密噢。

5.润唇膏

润唇膏是出门旅行必不可少的物品。

特殊用途

不过润唇膏除了滋润嘴唇的本职工作，还可以当作高光用噢！用稍微厚重、油润一点的润唇膏轻轻拍在两颊颧骨上、额头中央，照相时一样可以有水光肌的效果。学会这些美妆品一物多用的小技巧，行李肩负真的超简单。

三、让过期化妆品"变废为宝"

现在流行低碳生活，意思就是倡导环保、简约的生活方式。那么，在我们的彩妆世界里能不能也倡导低碳美容呢？当然可以，低碳美容就从过期的化妆品开始吧。

1. 洗面奶

可以用牙刷蘸着洗面奶刷衣领衣袖，还可以刷洗旅游鞋。夏天来了，过期洗面奶还可以涂在身上要去毛的部位，作去毛膏用。

2. 乳液

用小块化妆棉蘸满乳液，贴在指甲表面，15分钟后取下，可以使指甲亮泽，还有益于指甲生长。乳液可以用来擦脖子、擦身体。洗完头发以后，把乳液抹在头发末梢，可以防止头发分叉，而且第二天你会发现，头发变得超级柔软，手感特别好。另外，乳液可以挤到面膜纸或者化妆棉上，当面膜使用。

3. 化妆水

爽肤且含酒精的化妆水可以用来擦拭梳妆台、油腻的餐桌、瓷砖和抽油烟机，之后再用干净的抹布擦过一遍即可，效果很不错。保湿的化妆水可以用来抹皮鞋、皮包和皮沙发。化妆水拿来擦镜子，也是非常干净的。

4. 美白精华液

花大价钱买来的美白精华液，却因为肌肤敏感不能再使用，难道只能忍痛扔掉？含有大量果酸或酵素的美白精华液，一般不太适合干燥或敏感性肌肤。你可以用来修复身体上的陈旧疤痕，身体肌肤通常不会像脸部肌肤一样敏感，所以你还是能够体验美白精华的淡斑效果。

5. 粉底、散粉

用一个精致的布袋把它们装起来，放在衣柜里或是鞋子里，可以去潮气；衣服上如果洒了水、油、果汁等什么的，可以先用这个散粉包压一下，就好洗多了。

6. 啫喱型面霜

啫喱型面霜在夏天的受欢迎程度绝不亚于空调和电扇，但是入秋之后，它的人气势必也会直线下降。啫喱质地的面霜在秋冬使用难免会觉得保型力度不够大，不过作为睡眠面膜却是值得推荐的。仔细留意一下就会发现，市场上大卖的睡眠面膜大多是啫喱质地的。涂上厚厚的一层，就能在睡梦中PA（一种针对人体的治疗方法，也称水疗法）。啫喱型面霜也可以用作睡前的补水面膜，只需5分钟就能增加肌肤保水度。

7. 香水

过期的香水可以用来喷在洗手间、房间、车"间"，

或是洗完的衣服上；还可喷在化妆棉上用来擦拭胶带留下来的痕迹。用过期的香水擦脏的灯具，能起到清洁的作用，同时，通过灯具的发热，有利于香水的散发，使家里充满香味。

四、把废弃物变成美容佳品

生活中有很多低碳美容佳品，只是你没有留心。比如我们熟悉得不能再熟悉的蔬菜水果，甚至是常常被大家遗忘或丢弃的普通日用品。

合理利用废弃物，将是我们低碳生活的另一条美丽捷径！

1. 榨完汁的蔬果渣

新鲜水果蔬菜以其独特的保健功能，成为时尚佳人的美容新宠。现在越来越流行吃蔬菜瓜果汁，而榨汁剩下的残渣通常会被我们丢弃。其实，在这些残渣中还有 40% 的营养物质是可以再利用的，方法之一就是把它做成面膜来滋养肌肤。

与化妆品相比，蔬

果渣可没有太多的搭配禁忌。我们既可以单独用一种渣来制作美容品，也可以用多种渣来制作，会有不同的美容效果。比如，胡萝卜渣与苹果渣混合，再加入少许面粉和蜂蜜，就成了很好的滋润面膜，能为肌肤补充足够的维生素；番茄渣与苦瓜渣加面粉蜂蜜调制，就是很好的镇静面膜，滋润皮肤的同时又能帮你搞定痘痘；苹果渣和橘子渣混合在一起，则可以淡化脸部细小的皱纹。

2. 过期的蜜制品

蜜制品的保质期相对较长，一般在两年左右。如果过了这个时间，就不要再食用了。就这么把过期的蜂蜜和蜂王浆扔掉吗？怪可惜的，不用发愁，过期的蜂蜜和蜂王浆可以拿来外用，如用来美容、护发等，效果还是不错的。皮肤干燥，容易缺水的女性，可以把蜂蜜与甘油混合，加入适量的水充分混匀制成面膜膏。使用时把它轻涂在脸和颈部，形成薄膜，20分钟后小心

地将面膜洗掉就行了，非常滋润。

也可以用蜂王浆与鸡蛋清混合搅匀，用干净玻璃瓶装好密封起来。这种美容液有紧致面部皮肤和增白的作用。而且每调制一次可使用一周左右。我们还可以用一匙蜂蜜与半杯牛奶混在一起，洗完头在头上涂这种混合液。等待15分钟，然后清洗干净，头发就会变得光亮。

3. 失去水分的老丝瓜

天气冷的时候，我们比较喜欢偷懒，经常是买上好几天的菜放在电冰箱里。但是这样做经常会造成浪费，因为有些蔬菜的水分很容易流失。例如丝瓜就是其中一种，在外面看不出什么问题，但一切开来，发干的丝瓜里有很多经络，口感非常不好。

都扔掉吗？不可。如果丝瓜还是呈绿色，那么你可以用榨汁机榨汁，然后用纱布蘸丝瓜水擦脸或身体，有润肤防皲裂的功效。也可以将丝瓜汁混合适量的药用酒精、蜂蜜或者甘油等，调匀后均匀地涂抹于面部、手臂上，20分钟后用清水洗去。每天早晚涂擦一次，连续一个月左右，可淡化皱纹，让皮肤光润而富有弹性。

另外，如果你脸上长有青春痘或痤疮，也可以取 3 ～ 5

毫升的丝瓜水直接涂抹患处，然后用手轻轻拍打，使丝瓜水尽快吸收，可以祛痘。

4. 存放过久的烂水果

　　水果是非常好的美容食品，在给身体补充水分的同时，还能清除我们体内累积的毒素，让肌肤更紧实有弹性。但是，有时水果买回来存放时间不长，就会因为水分缺失而变得干瘪，甚至出现黑点，部分果肉腐烂变质。只能扔进垃圾桶吗？当然不是！削掉黑点与周边1厘米处的果肉，其他的，我们就来做美容吧。如果你手上只剩下半个苹果，那么，我们把这些好果肉放到锅里煮透，或者是放在微波炉里加热一下，然后用勺子捣成苹果泥，加入一个蛋黄和一点面粉，搅匀后敷在脸上。这样不仅能保湿滋润肌肤，而且苹果所富含的类黄酮素与单宁酸，能起到抗氧化的作用，排出肌肤毒素，让肌肤变得明亮有光泽。

五、巧用茶美容，省钱又环保

茶叶除了冲泡饮用、药用外，在护肤上也有非常好的效果。

1. 茶汤洗脸

晚上洗脸后，泡一杯茶，把茶汤涂到脸上，轻轻拍脸，或者将蘸了茶汤的棉布敷在脸上，再用清水洗。脸上的茶色经过一夜能够自然消除，能够去除色斑、美白皮肤。

2. 茶叶面膜

把面粉 1 匙和蛋黄 1 个，拌匀后加绿茶粉 1 匙。把它均匀地抹在洗净的脸上，20 分钟后洗脸。还可把茶汤 1 匙和面粉 1 匙调匀，做成面膜，15 ~ 20 分钟后洗脸。能够消除粉刺，去除油脂。

3. 绿茶水安抚肌肤

用棉片蘸取新鲜的绿茶水，轻轻拍打于被晒红的肌肤，不仅可以起到舒缓肌肤的作用，还能减轻因晒伤带来的疼痛感。此外，新鲜的绿茶含有丰富的茶多酚，能抗紫外线造成的损伤。

4. 茶叶护眼

把茶叶冲泡后挤干，放到纱布袋里。把茶袋放到眼睛上敷 10 ~ 15 分钟，能够缓解眼睛的疲劳，改善黑眼圈，治疗眼部炎症。

5. 茶叶洗发护发

茶籽饼中含有 10% 的茶皂素，茶皂素的洗涤效果很好。以茶皂素为原料的洗发香波具有去头屑、止痒的功能，对皮肤无刺激性，头发清新飘逸。洗完头后把微细茶粉涂在头皮上，轻轻按摩，每天 1 次。或者把茶汤涂在头上，按摩 1 分钟后洗净，能够防治脱发，去除头屑。

6. 茶叶去角质减肥

把茶粉放到浴盆里混匀后，进行全身按摩。能够除掉角质化的皮肤，洗掉油脂，使皮肤柔软光滑，促进排汗，具有减肥的效果。

7. 茶水泡浴泡足

把 20 ~ 30 克茶叶装到小布袋里，放到浴缸里泡浴。把泡好的茶汤倒进脚盆里泡足。医治皮肤病，去除老化的角质皮肤，使皮肤光滑，还能驱除体臭，身上带有清茶香。

六、妙用大米，低碳美容

作为五谷之一的大米，是中国人自古以来的主食之一。大家有没有想过作为我们每天都要食用的食物，其实还有不为人知的一面，大米的美容功效其实十分出色。在很早以前大米护肤就已经开始被爱美的女性所采用，包括我们熟知的用淘米水洗脸，就能起到美白肌肤的作用

1. 淘米水洗脸法

这是大米最广为人知的一种护肤方法，适用于任何肤质，不会引起肌肤过敏，所以也深得人们的喜爱。淘米水含有的淀粉质，美白的同时还具有极佳的补水保湿作用；另外，淘米水富含大量的钾元素，能够有效去除毛孔内的油垢，可谓是最省钱最神奇的洗脸方法了。

2. 饭团有效去除黑头

去除的方法很简单，只须把煮熟的饭揉成一团，要注意温度的适宜，放在黑头出处揉搓直到饭团变油腻污黑，说明起到了去除皮肤毛孔内的油脂、污物的作用，然后用清水洗净，这样就可使皮肤呼吸通畅，达到去除黑头的效果了。

3. 大米蜂蜜美白面膜

美白肌肤本就是五常大米美容的一大特色，再结合蜂蜜的保湿滋润功能为这款 DIY 面膜增色了不少。方法简易操作，只须将泡软后的五常大米研碎成粉末，加入淘米水在锅中隔水蒸 10 分钟后加入一勺蜂蜜，搅拌均匀，便制成大米蜂蜜面膜。美白保湿，可谓一举两得。

4. 大米黄瓜祛痘粥

每天一碗粥就能让你吃出好肤色，这是难得的护肤方法。而这款五常大米黄瓜祛痘粥，不仅能美白肌肤，还具有祛痘功能呢!

做法

★ 将黄瓜洗净，去皮去心切成薄片。

★ 五常大米淘洗干净，生姜洗净拍碎。

★ 锅内加水约 1000 毫升，置火上，下大米、生姜，武火烧开后，改用文火慢慢煮至米烂时下入黄瓜片，再煮至汤稠，入精盐调味即可。

人 "闲" 碳不 "闲"
（低碳休闲）

一、低碳休闲娱乐方式

1. 手机在生产时的碳排放

生产手机要消耗大量的材料和能源。据估算，每生产一部手机，将会导致 60 千克二氧化碳排放。

2. 手机在使用时的碳排放

平均一部手机每使用一年将排放 112 千克二氧化碳，主要源自手机充电器的电耗。

3. 合理使用手机

★ 调节手机背景灯亮度和显示时间。

★ 视不同场所调节手机铃声音量。

★ 减少手机不必要功能的使用。

★ 养成不用时将手机关机的习惯。

★ 使用翻盖手机的用户应尽量减少翻盖次数。

★ 由于手机在信号较弱时会自动搜索信号，耗费较多电量，因此应尽量避免在恶劣天气时、密闭环境下和快速移动时使用手机。

★ 在办公室和家中，尽量使用固定电话或采用其他联系方式（如电子邮件）。

4. 手机合理充电

手机充电完毕后，应立即切断充电器电源，避免浪费电能；充电时尽量采用慢充方式；外出自带充电器，避免使用公共场所提供的快速充电器，不仅节约电能，还可以对手机电池起到保护作用。

新锂电池前 3 ~ 5 次充电达 14 小时以上可延长其使用寿命。减少充电次数，可延长电池的使用寿命。

5. 手机的健康使用

手机电磁危害已形成共识。手机信号刚接通时，辐射最大，最好让手机远离头部；喜欢"煲电话粥"的人，打电话不要一直用一边接听，打 5 分钟就换另一边；如果能用固定电话，就尽量少用手机，以减少微波对人体的辐射。

别在嘈杂的环境打电话，因为手机紧贴耳朵才能听清对方说话，会给耳朵造成很大负担。别躲到建筑物的角落接听电话。建筑物角落的信号覆盖比较差，因此，会在一定程度上使手机的辐射功率增大。基于同样的道理，身处电梯等小而封闭的环境时，也应慎打手机。

6. 选择合适的电影院影厅

影厅越大，碳排放量便越大。因此，去电影院看电影时应选择人数较多的影厅，不可为了面子"包场"。

7. 电影放映时的碳排放

电影数字放映机运行需要消耗大量电能，放映一场电影平均排放 8 千克二氧化碳。

智能手机日益普及，但鲜有人知的是智能手机可是碳排放大户。在智能手机上使用数据流量下载视频需要借助基站连接，数据中心交换数据来实现，在此过程中会消耗大量的电力等能源，观看一部 2GB 的电影，碳排放或将会超过 20 千克。此外，发送一封电子邮件相当于向大气中排放 4 克二氧化碳，如果带有附件，碳排放量将会增加数十倍。

8. 选择合适的 KTV 包间

　　KTV 包间中的功放机、麦克风、灯光等工具都会产生碳排放。若连续在一间 KTV 包房内玩闹 4 小时，将会排放 3.5 千克以上的二氧化碳。

　　因此，我们应选择大小合适的 KTV 包间，避免产生不必要的二氧化碳。

9. 选购娱乐电器电玩城的游戏机

　　买娱乐电器要选购绿色环保、高能效的，不可一味求大求新、追赶时髦。

10. 不要沉溺于电子游戏

　　电子游戏的弊大于利，虽然适当玩可以益智，但是长时间玩电子游戏，容易对腕关节和指关节造成损伤。特别是对于未成年的青少年更是如此。

11. 书法、绘画

书法、绘画是非常有益于身心的高雅休闲活动，可培养艺术素养、陶冶情操、提高文化素养，继承发扬中华民族的文化传统。对孩子来说，还可帮助他们训练手指、手腕和手臂的协调性和灵活性，促进大脑的生长发育，还有益于意志的锻炼，培养细致耐心、自觉认真的良好学习习惯。

12. 钓鱼

钓鱼是一种充满趣味，充满智慧，充满活力，格调高雅，有益身心的文体活动。怀着对大自然的热爱，对生活的激情，走向河边、湖畔、鱼塘，远离城市的喧闹，享受生机盎然的户外生活情趣，领略赏心悦目的湖光山色，是多么惬意啊。即使没有钓到鱼也是一种修身养性。

13. 放风筝

在和煦的阳光和春风里放风筝，可以仰望蓝天，舒展筋骨，尽情地呼吸新鲜的空气，使人情绪开朗、心情愉悦，健脑健身，还可以调节和改善视力。

14. 下棋

围棋、象棋、跳棋、扑克等各种棋牌活动，都是最低碳的休闲活动，而且有利于锻炼智力和心理素质、加强人际交往。

15. 桌游

"桌游"不插电、无辐射，也被众多爱好者称为"环保游戏"，既可以远离电脑辐射，又能和三五好友面对面地分享游戏的快乐和刺激。"桌面游戏"的消费为人均30元左右，最佳游戏人数是 4 ~ 6 人。

"桌游"也是一种社交方式，从中可交朋友，而且因为是集体游戏，玩家不会过分沉迷其中。一位资深玩家表示，现在白领生活压力较大，通过这样的游戏可缓解压力。

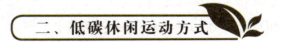

二、低碳休闲运动方式

1. 散步

步行减肥；快走强身健体。

户外徒步是最好的健身方式。每天徒步上下班就是一种绿色的出行方式，就是低碳生活，不仅锻炼了身体，也宣传了绿色出行的理念。户外生活亲近自然、放松心情，易实现、成本低、低耗能，正受到越来越多"低碳族"的认可与喜爱。我们有责任去约束自己，使生活习惯更加健康。

2. 跑步

慢跑应该是绝大多数户外日常锻炼的首选有氧方式。重点在于速度"慢"和距离"长"。

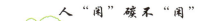

慢跑的好处：

长期坚持慢跑运动对于全身各处都有
益处。能够改善并增强心脏、心血管系统
以及肺部功能，通过下肢的运动，促使静
脉血流回心脏，能够预防静脉内血栓形成。
长期坚持慢跑不易造成身体脂肪的堆积，
虽然不是减肥的最快速有效的锻炼方式，
但却是最健康最不易反弹的方式。

3. 健康爬楼梯

假如所住楼房的楼梯通风采光
状况良好，安全设施齐备，可以每
天做"爬梯运动"，在节电的同时，
健身、健心、健性情一次完成。

4. 骑自行车

忙碌的生活之余，骑上一辆舒适心仪的运动自行车，
到处骑骑看看，既可以锻炼身体，又可以欣赏路边的风景，

同时获得骑行带给你的快乐，真是一件节能环保低碳的绿色出行方式！别犹豫了，骑车走吧！

5. 攀爬

攀爬能增加身体柔软度与协调感，培养被称为在岩壁上行走的"蜘蛛人"式的平衡感，当身体只靠攀登绳承受体重被挂在高高的岩壁上时，磨炼"是放弃还是坚持"的意志力、荣誉感及自我超越的决心。

6. 球类运动

羽毛球是很受欢迎的一项球类运动，对场地和环境的要求不是太高，经济便捷，既能放松心情又能锻炼身体。

在羽毛球运动中，需要不停运用手腕和手臂的力量握拍、挥拍，还要充分活动踝、膝、胯等关节部位，对全身肌肉和关节的锻炼很充分，而在捡球、接球的过程中要不断弯腰、抬头，能让腰腹部肌肉得到很好锻炼。

7. 游泳

游泳是夏季最好的健身方式。游泳更多的好处是，随着现代人工作方式的改变，坐办公室的人多了，而且要长时间面对电脑工作，使得颈椎和腰椎毛病多了。很多康复和骨科专家都认为，游泳是最好的防治颈、腰椎疾病的运动，而且无须借助任何器材就可以进行，不会对环境造成任何影响。

8. 瑜伽

在安静、舒适、通风的场馆锻炼，舒张、伸长、静心、冥想，轻松舒畅，在雕塑外在形象的同时，还给你一种来自内心的力量，传统而又古老神秘的瑜伽在练习过后能让你有意外的收获。

9. 健身活动的碳排放

由于各种各样的条件限制，很多人用室内健身器材替代了户外健身。而大部分健身器材需要电力驱动，因此会产生二氧化碳排放。

例如：使用跑步机 1 小时产生的二氧化碳约为 1.8 千克。

10. 健身跳操

健身房里，音乐或热烈或柔美地渲染着，一大群人热辣辣地跳着，这样的跳操不仅容易坚持，而且也很"低碳"。

前后左右转个遍，抬手、抬脚、甩手、扭腰、跳跃，跳操耗能也不小。相比太极的微微出汗，跳操可就汗流浃背了，对于长期伏案的人来说，多跳跳还能有效预防颈椎病。

三、低碳休闲购物方式

1. 购物的低碳方式

★ 减少开车去超市购物的次数。每辆车每行驶1千米要排放约0.18千克二氧化碳。因此，频繁开车去超市购物也会加大二氧化碳排放量。

★ 外出购物前，预先制订购物计划，尽可能一次购足，并提前安排好行车路线，既能减少行车次数，又能减少不必要的行车里程，从而减少碳排放。

★ 上班族可以选择在下班回家途中购物，不仅省时，还减少了专门外出购物可能带来的二氧化碳排放。

2.选购商品的低碳方式

按需购物，少买点儿；选购低碳商品；自备购物袋。

（1）购买本地产品

减少外地产品尤其是从国外空运或海运的产品在运输过程中产生的大量二氧化碳排放。另外，购物时考虑产品使用过程中的二氧化碳排放情况，如在选购电子产品时应尽量选择功率小的产品或者节能产品。

（2）长远考虑

购买高质量耐用的商品比买便宜的一次性物品更便宜，浪费要少。出门采购前先制订计划，把需要的东西列个清单。买东西前先吃饱饭，这对削减你的购物欲大有帮助。

（3）巧用旧物、善用旧物

自己动手翻新改造，变废为宝。对可有可无的东西、不急着用的东西能不买就不买，能少买就少买，不要放到家里积压浪费。

（4）多余的物品尽量不要积压浪费

提倡通过规范的二手市场、跳蚤市场进行交换，或充当"换客一族"，把家里的闲置物品或者礼品在网上换成自己需要的东西，将资源配置最优化。或直接把多余闲置物品捐赠给需要之人。

（5）提倡租赁，能租就租，不一定非买新的不可

这样一方面可解决一次性投入不足的问题；另一方面也可解决资源空置浪费的现象。

（6）购买服务而不是产品

例如租用办公设备，这样一来生产商就会生产耐用、可升级换代的产品，而不是那些用几年就报废的东西。

（7）网上购物

网上购物方式既节能（尤其当你指定的送货时间与所在区域的其他顾客的送货时间一致的时候），又能为你节省大量的时间和精力。

"绿屋"环游记
（低碳旅游）

  低碳旅游，顾名思义，即是一种降低"碳"的旅游，也就是在旅游活动中，旅游者尽量降低二氧化碳排放量。即以低能耗、低污染为基础的绿色旅行，倡导在旅行中尽

量减少碳足迹与二氧化碳的排放，也是环保旅游的深层次表现。其中包含政府与旅行机构推出的相关环保低碳政策与低碳旅游线路，个人出行中携带环保行李、住环保旅馆、选择二氧化碳排放较低的交通工具甚至是自行车与徒步等方面。

一、旅游产生的碳排放

中国旅游业直接碳排放呈现出逐年递增的趋势，年增长率为 17.6%。其中，交通碳排放平均占比为 69.1%，住宿和餐饮碳排放平均占比为 13.8%，购物碳排放平均占比为 8.4%，交通、食宿和购物是我国旅游业碳排放的三个主要部门。世界旅游组织指出，旅游业碳排放的三大来源为"旅游交通""旅游住宿"以及"其他旅游活动"，旅游者热衷于购物，这种偏好通过碳排放体现出来。

二、低碳旅游的特点

1. 普及性

由于低碳旅游产生的社会经济背景，全球面临的资源环境问题已日趋严重、刻不容缓，因此低碳发展理念在极为短暂的几年时间内深入各个领域，作为国民经济的重要组成部门，旅游业发展低碳旅游将可以得到很多社会支持。在未来几年内，低碳旅游将在各地广泛获得快速发展。低碳旅游是在传统大众旅游形式基础上形成的，每位游客均应该为全球环境保护做出应尽的责任与义务，低碳游客应包括各层次的目标群体。因此，低碳旅游活动具有普及性。

2. 综合性

中国旅游业在国民经济中的作用十分突出，其产业关联具有广泛的波及影响作用、相对较强的前向带动作用。与旅游业相关的产业主要指为旅游业提供原材料、零部件等的上游产业、辅助产业；也包括与旅游业共用某些技术、共享某些营销渠道或服务而联系在一起的产业或具有互补性的产业，如民航、公路等交通部门、餐饮业、住宿业、娱乐业、农业、轻工业、文物、通信、零售业等。因此，低碳旅游发展不仅使其行业本身发展趋向于绿色和可持续，也对其上下游产业朝着低碳方向发展起到重要作用，具有很强的综合性。

3. 低碳性

由于全球环境问题的出现而产生低碳理念，进而应用于旅游业之中，因此，保护旅游环境成为低碳旅游活动必备功能。由于碳排放对全球环境造成严重污染，因此，低碳旅游最大的特点就在于低碳性，其实质是"旅游活动过程中尽量减少碳排放，保护环境"。低碳旅游的低碳性体现在旅游业的各个方面：①对于旅游开发规划者，低碳性体现在旅游规划中涉及游客的所有行为，包括旅游六要素"吃、住、行、游、购、娱"等方面，要体现低碳设计理念；②对于旅游开发商，低碳性体现在充分利用低碳技术与低碳材料建设旅游交通与产品项目等方面；③对于管理者，低碳性要体现在资源环境容量范围内的低碳旅游利用，杜绝高碳旅游项目与活动，充分协调低碳发展与旅游效益

之间的矛盾；④对于游客，低碳性体现在环境保护意识和自身素质，让主动保护自然资源和生态环境成为自觉行为。

4. 教育性

针对当前全球变化情况，调整当前全球社会经济发展态势与能源消费结构成为必然。低碳旅游从其产生就具有了环境教育功能，低碳旅游活动也就具有了教育性。要利用低碳旅游开展低碳发展理念宣传教育，提高全民环境素养，让全社会自觉参与到节能减排的行动之中，以解决人类面临的生存环境危机。具体表现在三方面：①教育对象以低碳旅游的开发者、运营者、游客与潜在游客为四大受教育主体。②教育手段与方式多样化。低碳旅游教育方式应由启发式学习、积极引导式学习等方式；教育手段则应充分利用现代科技、艺术等手段宣传旅游活动与低碳经济协调发展，提升低碳旅游教育效果。③教育意义十分重大。低碳旅游有助于整个社会低碳理念的传播，能形成全民低碳环保的意识。这不仅是个人环境素质的提高，更为重要的是全民环境素养的提高，将是解决人类面临生存环境危机的希望所在。

三、低碳旅游的意义

- ★ 保护环境的迫切需要
- ★ 响应国家节能减排政策
- ★ 旅游业可持续发展的需要
- ★ 符合全社会利益

四、如何使旅游低碳化

1. 国家层面

　　国家相关部委要对低碳旅游做出积极响应，在政策、体制、资金等方面对低碳旅游的开展提供必要的支持。建议制订国家低碳旅游行动方案，为地方政府与旅游等相关部门提供低碳旅游开展的行动纲领与指导性文件；制定低碳旅游相关的系列标准工作，统一规范全国低碳旅游发展，指导中国低碳旅游实践；开展全国低碳旅游的试点示范工

作，积累经验后再推广应用；出台相关政策、提供专项发展资金，引导地方政府与旅游企业，开展低碳旅游工作，加强低碳理念与技术在低碳旅游产品设计与建设等方面的应用。

2. 旅游目的地

作为旅游目的地，应积极营造低碳旅游吸引物，为开展低碳旅游产品项目建设提供物质基础；旅游设施要采用低碳化的设计，以低碳理念建设旅游服务设施，降低景区内人为的碳消耗，降低温室气体的排放；在旅游活动开展过程中，积极培养低碳旅游消费者；利用森林、草原等碳汇资源，营造与培育碳汇旅游体验环境；当地政府应以旅游目的地的旅游业发展为核心，积极培育以低碳旅游业为核心的低碳产业链；旅游商品的生产与包装设计应尽量低碳化，尽量少使用不能重复利用的包装；旅游管理者应组织相关人力，编制低碳旅游手册，促进旅游景区开发与管理，指导游客进行低碳旅游活动。

3. 旅游者

　　旅游者作为旅游活动过程的体验者，应在整个过程中体现低碳消费生活方式。

　　在旅途中，自带必备生活物品，选择最简约的低碳旅游方式，住的时候选择不使用一次性用品的酒店。尽量选择生态餐厅，吃有机蔬菜，夜宿环保木屋或帐篷，让游客真正体验低能耗、低污染、低排放的低碳生活方式。

　　游客可采用碳计算器，计算个人出行的碳排放量；部分游客可采用"碳中和"的方式，即通过网络或者手机委托专业机构购买碳信用额度，由该专业机构通过植树造林或者其他环保项目，抵消因出行产生的碳排放。

五、国内知名的低碳旅游景区

国内知名的低碳旅游景区有以下五处：

1. 燕子沟

燕子沟是一片环境的净土，在开发过程中，原始森林从未遭受本质性的破坏，冰川雪山千年屹立，地质结构奇异而独特……它们共同构成了绝秀燕子沟的纯净无瑕的环境。冰川、雪峰、彩林、温泉这些川西该有的景色它都有，但最吸引人的，是长达30多千米的红石滩，红石的"身世"至今还是个谜。景区已尽量减少了观光车的使用，连扩建的步游道也是在以前山民采药时留下的道路上铺设的。景区还做出停售一次性雨衣、提供免费雨具等低碳行动。

2. 峨眉山

老牌低碳景区，低碳旅游的先行者。

早在 12 年前，峨眉山景区就实行了统一乘坐旅游交通大巴的环保方式。景区还在酒店和农民旅店（饭店）大力推行节能措施。通过数字化峨眉山建设，对景区的空气和水源质量、植被实行监控，实现景区与旅行社周边行业的可持续发展。多年来，峨眉山的森林覆盖率一直维持在 95% 以上。每年 3~6 月是峨眉山观赏杜鹃花的最佳时节，从报国寺到万佛顶，各类杜鹃次第开放。

3. 张家界

以混合动力巴士和电瓶车用于景区交通，野生动植物与游客和谐相处。

热门影片《阿凡达》中原生态的哈利路亚山给观众留下了深刻印象，它的拍摄原型就是张家界国家森林公园的袁家界景区内的乾坤柱，它成了张家界人气最旺的景点。张家界核心景区禁止机动车进入，用混合动力巴士和电瓶车代替，景区内的空气十分清新，金鞭溪峡谷中有野生猕猴出没，与游客和平相处，怡然自得。

4. 香格里拉

低碳的生态环境是香格里拉的生命线，它的持久美丽离不开低碳。

香格里拉地处青藏高原东南边缘、"三江并流"腹地，融雪山、峡谷、草原、高山湖泊、原始森林为一体。"日照金山"的梅里雪山更是中国低碳旅游的象征，具有巨大的观赏价值和科学考察、探险价值。香格里拉腹地有梅里雪山、白茫雪山等北半球纬度最低的雪山群。澜沧江大峡谷、虎跳峡和碧壤翁水大峡谷以深、险、奇、峻闻名于世。而神女千湖山、碧塔海等高山湖泊是亚洲大陆最纯净的淡水湖泊群。

5. 大兴安岭

中国最大的氧吧，美国《国家地理》评选出的中国三大低碳旅游景区之一。

大兴安岭有中国面积最大的林区，低碳效果极好。大兴安岭总面积8.46万平方千米，林木蓄积量5.01亿立方米，占全国总蓄积量的7.8%。大兴安岭山脉繁衍生息着400多种野生动物和1000余种野生植物。春夏两季，这里山高谷阔，林木葱郁，非常适合踏青、探险、避暑等各种旅游活动。

六、爱护景区环境

1. 维护环境卫生

不随地吐痰和口香糖，不乱扔废弃物，不在禁烟场所吸烟。

2. 遵守公共秩序

不喧哗吵闹，排队遵守秩序，不并行挡道，不在公众场所高声交谈。

3. 保护生态环境

不踩踏绿地，不摘折花木和果实，不追捉、投打、乱喂动物。

4. 保护文物古迹

不在文物古迹上涂刻，不攀爬触摸文物，拍照摄像遵守规定。

5. 爱惜公共设施

不污损客房用品，不损坏公用设施，不贪占小便宜，节约用水用电，用餐不浪费。

七、低碳城市

低碳城市目前已成为世界各地的共同追求，很多国际大都市以建设发展低碳城市为荣，关注和重视在经济发展过程中的代价最小化以及人与自然和谐相处、人性的舒缓包容。

自 2008 年初，国家建设部与 WWF（世界自然基金会）在中国大陆以上海和保定·中国电谷两市为试点联合推出"低碳城市"以后，"低碳城市"迅速"蹿红"，成为中国大陆城市自"花园城市""人文城市""魅力城市""最具竞争力城市"……之后的最热目标，该目标将具有长期的特性。

低碳经济是实现城市可持续发展的必由之路。

八、绿色环保旅游企业

　　绿色环保旅游企业是指在经营和发展中采用开放式和循环式的绿色发展模式，倡导绿色消费理念，处理好旅游资源保护与开发利用的关系，在为社会提供绿色、恬静、安全的旅游产品的同时，将经营过程中资源和能源的消耗降至最低，以此实现社会、经济和生态效益"多赢"的现代旅游企业。绿色环保旅游企业发展应从以下三方面着手：首先，应借鉴"绿色环球 21 标准"体系、"ISO 14000认证"体系、"Smart Voyager 认证"体系和澳大利亚"NEAP认证"体系等国际上较为成熟的相关认证标准，制定与我国旅游业发展相宜的认证体系。其次，引导和激励企业绿色化发展，从树立环保意识、强化环保教育、开发绿色产品、进行绿色营销和树立绿色品牌等方面严格要求。最后，选择合适的标准进行相应评定，其过程主要是结合综合评价和现场认证，从而达到创建和推广绿色品牌的目的。

九、低碳旅游的具体体现方式

1.食

不用一次性餐具，自备水具，不喝瓶装水。尽量食用本地应季蔬果，最好做个素食者。

2.宿

住酒店不用每天更换床单被罩，不使用酒店的一次性用品。

3.购

尝试以货易货。尽量选用本地产品、应季产品及包装简单的产品。

4.行

提倡步行和骑自行车。能坐火车的不坐飞机，能跟团

不自驾。必须乘飞机，就要选择正确合理的航空线，最大限度减少行李；实在要自驾，最好拼满一车人，实现能效最大化。

5.游

合理安排路线，途中回收废弃物，做好生活垃圾分类。尽量不在景区留下自己的痕迹。

十、低碳住宿

1. 旅行尽量选择低碳酒店

低碳酒店是将环保低排放理念植入酒店建设和经营之中，近来成为一种创意和时尚。对于酒店来说，选择节能减排、低碳环保，不只是企业的社会责任、响应政府的号召，更是为企业提供一种全新视角来审视流程、

定位、行业、供应链、价值链，从而降低成本、增加效益、创造价值并构建自己的竞争优势。不仅能凸显酒店企业的社会责任，为酒店塑造良好的社会形象，更能降低酒店运营成本，提升酒店企业的盈利能力。

2 低碳酒店的措施

（1）制度建设

全面建立能耗使用情况分析报告、节能降耗业绩报告。

（2）新能源

鼓励建筑广泛采用太阳能、风能和生物质能。

（3）节约用电

酒店每平方米面积的年用电量达 100 ～ 200 度，是普通城市居民住宅楼用电水平的十多倍。

采用变频技术和智能化控制技术。使用变频或变流量来控制电梯、空调机组、通风盘管、冷热水的调节，进行辅助冷水机组改造、照明整体改造，采用电分类计量表、

补偿电容器、红外线感应器等节能设施。

采用低压节电模式。客人未登记入住之前，客房内只有迷你吧运转，空调保持着最低的转速以节约电能。当客人办理入住，打开客房门后，客房照明系统立即呈现欢迎模式，即少数照明灯点亮，当插入房间钥匙卡后，所有的照明设备点亮。当客人离开房间时，拔出房间钥匙卡，房间内迷你吧的电路仍在运行，空调立即恢复插入房卡前保持的最低转速，其他照明设备均自动关闭。

（4）节约用水

一家三星级以上的酒店平均每个客人每天的耗水量在1吨左右。

建立水计量系统，并对用水状况进行记录、分析；中央空调机设备添加自动变频器，调节低功率下的用水和电

的额度；客房采用小排量抽水马桶；使用节能灯，使用太阳能科技产品。

采用热泵代替锅炉烧热水，从而避免锅炉产生的废气对周边环境造成污染；中央空调使用热回收装置，将空调运转产生的热能用来烧生活用水。

（5）减少用纸

取消纸质介绍和旅游指南等，改为把这些放在电视介绍内容中。

不使用一次性碗筷和发泡餐盒等一次性餐具，减少鲜花摆放、节约材料包装。

（6）少换洗床单被罩

少换洗一次床单被罩可省 0.03 度电、13 升水和 22.5 克洗衣粉，相应减排二氧化碳 50 克。如果全国所有星级宾馆都能做到 3 天更换一次床单，每年可减排二氧化碳 4 万吨，综合节能约 1.6 万吨标准煤。

（7）减少一次性日用品

"六小件"是指宾馆酒店为客人提供的六种易耗客用品，即牙刷、牙膏、香皂、浴液、拖鞋、梳子。

实际上，酒店提供的洗漱用品已突破"六"的数量，还包括洗发水、浴帽等。全国星级酒店每天消耗的一次性洗漱用品 120 万套，光是星级酒店的消耗就高达 22 亿元。一次性用品无法回收，社会还面临着二次处理所带来的浪费。

（8）垃圾回收

酒店产生的垃圾可分为可回收与不可回收两类，分别投放到垃圾房。

（9）对客人的建议和奖励

○ 向客人提供借用自行车出行

○ 冬季空调设定的温度不高于20 摄氏度

○ 提示客人睡觉前关闭所有光源和电源

○ 手机和电脑充电结束后及时拔去插头

○ 洗浴时间不超过15 分钟

○ 多走楼梯少用电梯

○ 不浪费食物

○ 对参加低碳计划的客人提供低碳积分，下次入住酒

店换取优惠金

○ 由酒店清算出旅客此次出行的总体碳排放量，折算成人民币，加入房租，由旅客一并支付

○ 用电100度碳排放约为90.4千克，酒店也可以种1棵树补偿

十一、低碳出行的小习惯

★ 长途游客优先选择高速铁路

★ 中短途游客建议采用铁路与公路

★ 在旅游目的地多采取步行和骑自行车的游玩方式，景区交通采用环保型汽车，如使用清洁能源的"超级电容油电混合动力城市客车"

★ 自驾外出时，使用污染小、低排量汽车

★ 建议家人同社区邻里、亲朋好友结伴搭乘的出行方式；建议优先选择轨道交通、公共汽车等公共交通

编委会

主　编：卢　骏

副主编：尹朝东　王亚梅

编　委：周　曌　张琳玲　官慧琪
　　　　赵　天　杨　艳　马丽梅
　　　　蒲姣娇　杨　微　徐娅雯

科学顾问：杨春燕